EXPOSITION NATIONALE D'OSAKA

RAPPORT

à

MONSIEUR LE MINISTRE DU COMMERCE, DE L'INDUSTRIE, DES POSTES ET DES TÉLÉGRAPHES

sur

L'EXPOSITION D'OSAKA

et sur

L'INDUSTRIE ET LE COMMERCE EN GÉNÉRAL DU JAPON

par

G. CHEMINAIS
CHARGÉ DE MISSION

1903

RAPPORT

A Monsieur le Ministre du Commerce, de l'Industrie, des Postes et des Télégraphes

SUR

L'EXPOSITION D'OSAKA

ET SUR

L'INDUSTRIE ET LE COMMERCE EN GÉNÉRAL DU JAPON

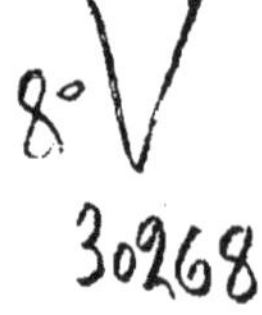

RAPPORT

A

MONSIEUR LE MINISTRE DU COMMERCE, DE L'INDUSTRIE,
DES POSTES ET DES TÉLÉGRAPHES

SUR

L'EXPOSITION D'OSAKA

ET SUR

L'INDUSTRIE ET LE COMMERCE EN GÉNÉRAL DU JAPON

PAR

G. CHEMINAIS
CHARGÉ DE MISSION

1903

Paris, le 5 décembre 1903.

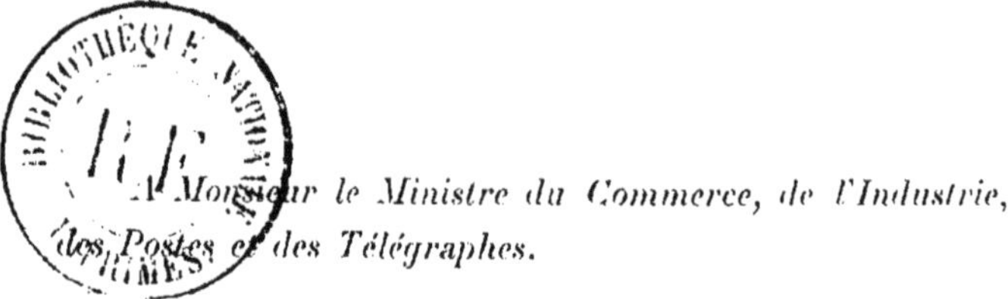

A Monsieur le Ministre du Commerce, de l'Industrie, des Postes et des Télégraphes.

Paris.

MONSIEUR LE MINISTRE,

Par votre lettre du 20 février 1903, vous avez bien voulu me donner, alors que je me trouvais à l'Exposition de Hanoï (Tonkin), la mission gratuite d'aller au Japon étudier l'Exposition d'Osaka qui devait ouvrir le 1er mars suivant.

J'ai l'honneur de vous rendre compte de cette mission par le rapport ci-joint, dans lequel j'ai cru devoir passer en revue les conditions générales du commerce et de l'industrie de ce pays.

Vous remerciant de la confiance que vous avez bien voulu me témoigner dans la circonstance, je vous prie d'agréer,

Monsieur le Ministre,

l'assurance de mes sentiments très respectueux et dévoués.

G. CHEMINAIS.

Exposé du Rapport

1° Avant-propos.

2° L'Exposition, ses constructions, son organisation.

3° L'exposition des produits japonais, d'après le classement de l'Administration (10 classes). — Exposition de l'Etat. — Exposition du matériel de transport. — Exposition des îles Taïwan (Formose).

4° Les produits étrangers exposés.

5° Le commerce du Japon avec l'étranger, sa situation économique.

6° Désignation des produits que la France peut exporter au Japon, en suivant le classement ci-dessus.

7° Produits de nos colonies susceptibles d'être exportés au Japon.

8° Renseignements généraux. — Industries du Japon susceptibles d'être installées en Indo-Chine.

RAPPORT

I. — Avant-propos

Malgré les renseignements que j'avais obtenus sur le Japon avant mon arrivée dans ce pays, et sur son industrie, avant de voir l'Exposition d'Osaka, une opinion préconçue me faisait entrevoir tout ce que l'on disait comme exagéré.

En arrivant dans les eaux japonaises, tout devait être pour moi un sujet d'observation, à commencer par le service de santé qui a été fait avec la plus grande régularité ; ce service peut paraître à quelques-uns exécuté avec prétention, mais les Japonais connaissent et mettent en pratique le « chacun est maître chez soi ». Aussi une critique imprudente a valu plus d'une fois la quarantaine aux bateaux étrangers et même aux français.

Nous entrons à 5 heures du soir dans le bras de mer qui précède le port de Moji ; c'était un spectacle instructif de voir par centaines et centaines, louvoyant à notre rencontre, les barques de pêcheurs gagnant la haute mer, toutes parfaitement et élégamment gréées.

Au port de Moji, en face de Shimonoseki, ne s'arrêtent que les navires ayant besoin de charbon ; mais y sont nombreux les cargo-boats qui prennent charge, pour les transporter dans les ports de l'Extrême-Orient, des charbons des mines de la province de Kiushiu. Il était intéressant pour moi de noter, dans une demi-journée de présence en rade, la quantité de trains circulant entre les mines et le port de Moji, d'où il est sorti, en 1902, 1832000 tonnes de houille représentant un chiffre de 10497000 yens (environ 26592200 francs) sur 2938000 tonnes exportées du Japon.

Vingt-quatre heures après notre départ de Moji, nous arri-

Port de Moji.

vions à Kobé où nous eûmes à supporter de la part de la Santé la même visite et les mêmes formalités que l'avant-veille. A la descente de la chaloupe, la douane ne permit pas aux voyageurs de s'éloigner avec le moindre paquet sans une visite minutieuse; c'est alors que je remarquai chez le fonctionnaire japonais de classe inférieure cette insistance aimable qui contraste avec l'énervement que ressent tout Européen en face d'une exigence le plus souvent ridicule ; mais une fois que ce fonctionnaire voit l'étranger dans l'embarras, soit qu'il ne parle pas l'anglais, soit qu'il n'ait pas d'interprète, on surprend chez l'oriental un sourire de satisfaction intérieure que j'ai eu occasion de voir sur les lèvres des marchands lorsqu'ils avaient vendu un objet le double de sa valeur.

Kobé, la cinquième ville de l'Empire du Japon par sa population (215000 habitants), est le premier port, si l'on prend en considération le tonnage de l'importation et de l'exportation, et le deuxième port, si le trafic est pris à sa valeur ; en effet, l'exportation des soies du Japon se fait principalement par Yokohama, et donne à cette dernière ville une plus-value de près de la moitié de son chiffre d'exportation.

Le trafic s'est élevé en 1902 :

Pour Yokohama, à 228 308 180 yen (593 601 268 fr.) ;
Pour Kobé, 219 264 254 — (561 083 060 fr.).

Le deuxième jour après mon débarquement je me rendis à Osaka, à une heure en chemin de fer, de Kobé, avec M. de Lucy-Fossarieu, consul de France pour ces deux villes, qui voulut bien me présenter aux commissaires généraux et obtint des cartes pour la libre circulation dans l'Exposition.

M. le Consul de France, avec l'amabilité et la complaisance qui lui sont habituelles, et avec la grande compétence que tout le monde lui reconnaît, me donna sur le pays des renseignements généraux dont je commençais à constater l'exactitude quelques instants après, en parcourant pour la première fois les galeries de cette Exposition qui devenait une révélation pour un Européen arrivant en sceptique.

Cette visite me permit donc de m'orienter et de prendre mes premières notes sur l'ensemble de l'Exposition.

L'Exposition d'Osaka, ouverte le 1er mars 1903, et fermée le 31 juillet suivant, est la cinquième, nationale et industrielle, organisée par le gouvernement japonais depuis 1877. Les trois premières en 1877, 1881 et 1890, eurent lieu à Tokio, et la quatrième en 1895, à Kyoto. Les publications japonaises d'aujourd'hui ne donnent pas les éléments nécessaires pour comparer les résultats acquis dans chacune des quatre premières Expositions, elles mentionnent leur succès qui ne laisse aucun doute, surtout pour la quatrième qui a été faite dans une ville beaucoup plus industrielle que Tokio. Le succès des Expositions grandit en même temps que l'industrie se développe et que les voies de communication s'étendent.

Pour cette première raison, il y a toute assurance que celle d'Osaka dépassera de beaucoup ses devancières ; d'un autre côté, cette ville, la deuxième comme population, est la plus importante au point de vue industriel, et comme c'est elle qui supporte une partie des frais de cette Exposition, environ 2600000 francs, elle avait tout intérêt à pousser l'administration à la plus grande publicité.

Le gouvernement s'est au plus haut point intéressé à cette exhibition, S. A. I. le prince Kotohito en prit la présidence d'honneur, et l'empereur tint à l'inaugurer lui-même.

Le but du gouvernement japonais, en réunissant de temps en temps en un seul lieu les produits de l'industrie de toutes les provinces, est d'appeler les intéressés et le public à comparer les progrès obtenus depuis la dernière Exposition.

Qui a étudié l'âme japonaise et comprend le chauvinisme orgueilleux de la race, se rend compte de suite des sentiments que peut faire naître le succès dans une manifestation comme une Exposition, et de l'énergie qu'il développera chez ce peuple pour arriver à faire concurrence à son voisin, et si son voisin est pour l'instant la province d'à côté, le grand concurrent du pays entier est l'étranger.

Le succès des Japonais dans les grandes Expositions universelles internationales a augmenté encore leur désir de grandir.

Dans l'espoir de stimuler davantage les industriels après l'Exposition de 1903, le gouvernement japonais a cru bon de faire appel aux pays étrangers, les invitant à envoyer à Osaka des échantillons de leurs produits manufacturés, et le Ministre du Commerce et de l'Agriculture, dans son décret, dénomme la section à créer : « Pavillon des échantillons étrangers ». Bien entendu ces échantillons ne devaient pas être soumis au jury.

Cette dénomination a certainement prêté à l'équivoque quant à la nature des produits à exposer ; aussi les étrangers ont-ils envoyé peu d'échantillons, mais surtout des produits déjà reconnus utilisables dans le pays, des machines et des matières premières. Le but de l'administration, ainsi l'avoue-t-elle, était, en appelant les échantillons étrangers, de créer une espèce de musée où les Japonais auraient pu voir devant leurs yeux des exemples de la production la plus moderne des autres pays ou des produits jusqu'ici inconnus d'eux.

Il est facile de comprendre que tous les produits manufacturés nouveaux, pouvant être fabriqués au Japon, auraient été servilement copiés. Il est juste de dire cependant que bien des produits français auraient pu figurer à cette Exposition, avec chance pour l'exposant d'en tirer un bénéfice dans l'avenir, ces produits pouvant ne pas être connus, ou la qualité de ceux qui seraient connus pouvant ne pas avoir été appréciée jusqu'ici autant qu'elle le méritait.

Je reviendrai sur cette question quand je parlerai du « Pavillon des échantillons étrangers ».

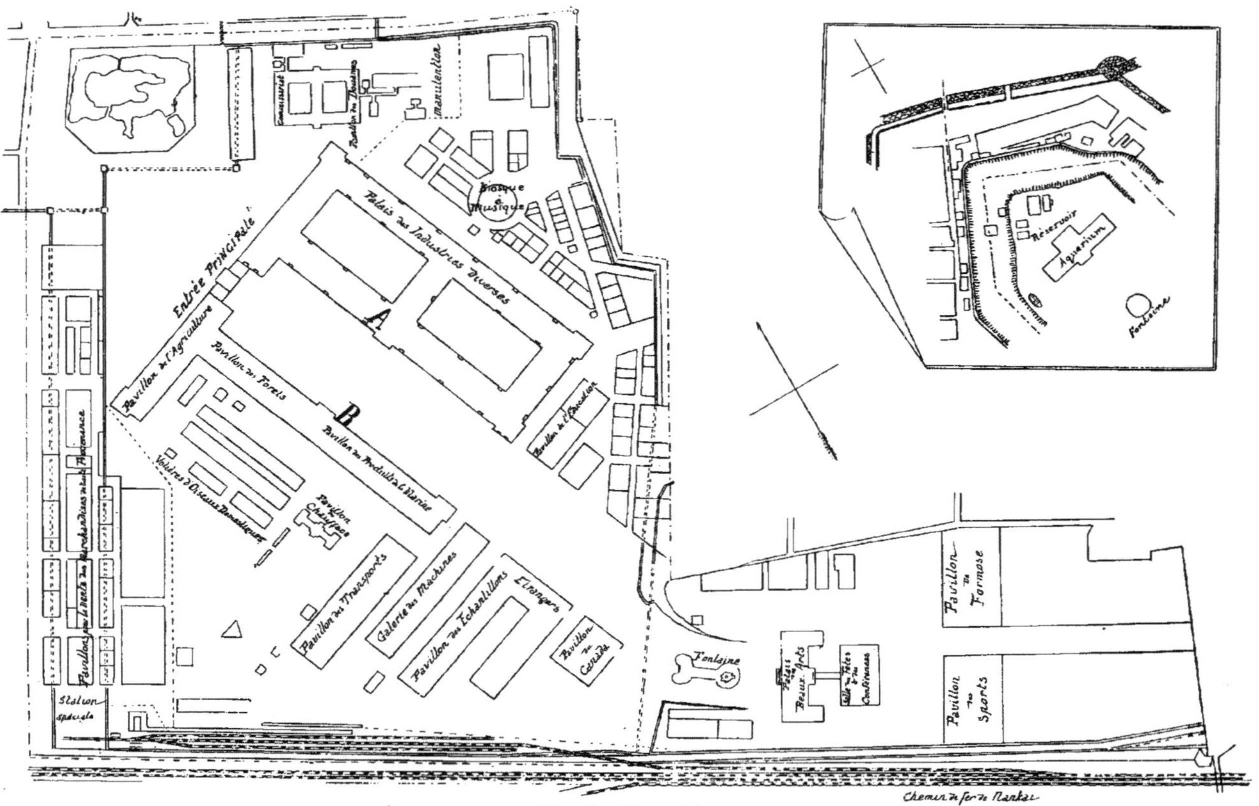

Plan de l'Exposition.

II. — L'Exposition

MONUMENTS ET CONSTRUCTIONS DIVERSES. — SUPERFICIE

Une entrée monumentale à trois portiques donne accès à une

Entrée principale de l'Exposition d'Osaka.

cour-jardin d'une superficie de 4500 mètres carrés environ ; sous les portiques les tourniquets d'entrée et de sortie.

A. Du côté gauche de l'entrée, une galerie dont le front est sur l'alignement de la porte mais sans sortie sur l'extérieur; à chaque extrémité une deuxième et troisième galerie en ligne perpendiculaire, conduisant à une quatrième parallèle à la première de manière à former un parallélogramme à angles droits; enfin, dans l'intervalle libre du parallélogramme deux galeries de même largeur parallèles à celle du front.

Toute cette partie couverte, où se trouvent réunis l'industrie en général et une partie des arts industriels, représente une superficie d'environ 23000 mètres carrés. A la suite de ce groupe de galeries *A* le Palais de l'Education, d'une superficie d'environ 1400 mètres carrés, et le Pavillon américain, spécial au transport, mesurant 700 mètres carrés.

B. — A droite de la porte monumentale, une galerie pareille à la première désignée ci-dessus est destinée à l'agriculture; dans une seconde, perpendiculaire, se trouvent une partie de l'agriculture, les forêts et les produits de la marine, le tout représente environ 9500 mètres carrés.

En avant du groupe de galeries de droite *B* avec front sur le même alignement face au jardin, le palais des machines, d'une superficie de 3000 mètres carrés, le pavillon des échantillons étrangers 5600 mètres carrés, et le pavillon du Canada.

La galerie des Transports touche celle des produits de la marine; plus loin, différents pavillons particuliers sont dispersés, çà et là, en dehors du jardin central; sur les côtés du palais des Beaux-Arts, toutes les attractions habituelles aux Expositions, music-hall, water-chute, les nombreux restaurants japonais et à l'européenne.

Le jardin central, dessiné avec goût dans un style européen, s'étend donc entre les groupes des galeries *A* et *B*, de la porte d'entrée à la colline sur laquelle s'élève une fontaine monumentale; en arrière, le palais des Beaux-Arts.

Vers le centre du jardin, en face le palais de l'Education d'un côté et la galerie des Machines de l'autre, une seconde fontaine haute de 20 mètres était destinée d'abord à donner sur les quatre faces une cascade lumineuse d'une hauteur de 6 mètres, mais elle ne servit qu'à donner une chute bien ordinaire et sans lumière.

Derrière le palais des Beaux-Arts, avec lequel elle commu-

Palais des Beaux-Arts.

nique, la salle des conférences; le pavillon de Formose et le pavillon de la gymnastique.

La fontaine monumentale et le palais des Beaux-Arts, placés sur la colline dominant les galeries et pavillons, doivent subsister après la fermeture; la disposition des terrains n'ayant pas permis de les placer dans l'axe des constructions provisoires, il s'ensuit que l'Exposition perd beaucoup dans la vue d'ensemble.

La statue de la fontaine, haute de 5 mètres et élevée sur un rocher au milieu d'un bassin de 16 mètres de diamètre environ, représente Kvannon, la déesse de la clémence, tenant d'une main une branche de saule et, de l'autre, une cruche d'où l'eau s'écoule.

Le palais des Beaux-Arts, solidement construit à l'européenne, sous la direction d'un architecte japonais, est de style plus ou moins gothique. Toutes les autres constructions, peintes en blanc, ont les fondations et les socles seulement faits en maçonnerie, la partie supérieure est en bois avec cet assemblage parfait dans lequel excellent les Japonais, et qui permettrait à ce provisoire de durer longtemps.

Si le palais des Beaux-Arts et la fontaine monumentale avaient été dans l'axe du jardin, entre les deux groupes principaux des galeries, on aurait pu supposer que les architectes japonais avaient cherché à donner à leur Exposition la disposition de la nôtre de 1900.

Les architectes ont remplacé le parquet dans les galeries par une couche de ciment de quelques millimètres ; ce ciment, qui ne se désagrège qu'au contact prolongé de l'eau, résiste très bien à la gueita (1) japonaise, et permet, avec un léger arrosage, d'éviter ces poussières épaisses, inconvénient de toutes les Expositions. Il a encore l'avantage de s'enlever très facilement sous le coup de la pioche.

L'ensemble des constructions représente une surface couverte d'environ 48000 mètres carrés, et l'ensemble de l'Exposition une superficie de 360 000 mètres carrés.

Les monuments à réclame, aussi bien dans l'intérieur de l'Exposition qu'en bordure, sont nombreux (je pourrais dire dans tout le Japon) ; je crois que l'on peut placer les Japonais au premier rang après les Américains pour les réclames les plus fantaisistes. Je

(1) La gueita consiste en une semelle en bois sous laquelle se trouve à chaque extrémité une planchette verticale haute de sept à huit centimètres et épaisse d'un centimètre. A l'une des extrémités de la semelle est fixé en triangle un cordonnet qui se place, pour la marche, entre le gros orteil et le second doigt du pied.

signale ce fait pour bien démontrer l'esprit qui règne dans ce pays, encore fermé il y a quarante ans, où dominait une industrie artistique et où maintenant, par suite de l'extension de nouvelles industries et du commerce avec l'extérieur, il y a une grande tendance à jeter de la poudre aux yeux aussi bien des habitants que des étrangers.

La disposition de l'ensemble des palais et des pavillons divers était bonne, le public pouvait facilement s'y reconnaître, mais je n'en dirai pas autant de la classification des produits, si classement il y a eu réellement sur le papier.

Dans bien des Expositions on a installé des bazars, généralement relégués dans des quartiers spéciaux, pour éviter la vente à l'installation même; là, on avait construit, pour ce service de vente, attenant aux jardins et à la galerie des industries diverses, plusieurs pavillons d'une superficie totale de 12000 mètres carrés.

MOYENS DE TRANSPORT

Le Japonais est grand voyageur : même sur les lignes qui ne conduisaient pas à l'Exposition, j'ai presque toujours vu les trains bondés; dans la direction de l'Exposition ou au départ d'Osaka il était presque impossible pour un retardataire de trouver de la place ; il est vrai que les compagnies de chemin de fer, comme d'ailleurs les compagnies de navigation, avaient accordé toutes les réductions possibles pour faciliter les voyages à Osaka; exemple : on pouvait venir de Shimonoseki à Kobé, 530 kilomètres, ligne de l'Etat, pour 15^{fr},50 en première classe et 11^{fr},70 en deuxième classe. Mais le plus grand souci, surtout pour un Européen, en raison du peu de commodités, était d'être obligé de faire de la station à l'Exposition une course de quarante minutes en jinriskisha (pousse-pousse) ; le prix en était de 0^{fr},60 à 0^{fr},80 selon le temps.

La ligne de Kwansai, que l'on peut considérer comme une ligne de ceinture, conduisait bien de la gare d'Osaka à l'Exposition (station de Tennoji), mais le plus souvent, quoique les trains fussent directs, on mettait plus de temps qu'en jinriskisha.

A la sortie de l'Exposition stationnaient autant de jinriskisha que l'on en voulait, on pouvait en faire établir le prix d'avance au bureau même de ces petites voitures.

Tout autre moyen de locomotion est impossible dans Osaka, non pas que la plupart des rues ne soient assez larges, mais l'absence de trottoirs ne permettrait pas facilement la circulation des voitures.

FAVEURS ET FACILITÉS AUX ÉTRANGERS

Aux étrangers de marque et à ceux qui pouvaient être présentés avec recommandation particulière, l'administration remettait une carte spéciale d'entrée pouvant servir pour le mari et la femme et à laquelle était encore affectée la faveur de pouvoir visiter les palais nationaux dans tout l'empire. A l'appui de cette carte, on recevait 24 tickets de chemins de fer contre la remise desquels il était fait 20 °/₀ de réduction pour tous les parcours, excepté sur quelques lignes particulières de tramways. Quelques compagnies de navigation accordaient les mêmes faveurs.

Le gouvernement japonais avait donc été large avec les diplomates et consuls et les étrangers en rapport direct avec l'administration de l'Exposition.

D'un autre côté, il existe au Japon, fondée en 1893 à Tokio, une société dite « Welcome » (Bienvenue), pour faciliter les voyages aux étrangers ; une succursale, établie à Osaka en vue de l'Exposition et secondée par l'administration, mettait à la disposition de ceux qui le demandaient, moyennant une petite rétribution, des plans, des livres-guides et des insignes qui leur facilitaient la visite des châteaux, des musées, des usines, etc.

La Société avait même fait construire des jinriskisha nouveau modèle que les étrangers avaient la facilité de prendre à la gare d'arrivée en même temps qu'ils pouvaient demander à des employés spéciaux, portant un insigne distinctif, tous les renseignements dont ils avaient besoin.

Quelques jeunes gens, étudiants ou non, parlant les langues étrangères, s'étaient affiliés à la Société pour servir d'interprètes; j'ai eu le regret de constater que ceux parlant le français n'étaient pas nombreux.

ADMINISTRATION. — ORGANISATION INTÉRIEURE

L'Administration a eu comme point de mire ce que dans toutes les Expositions les administrations ont cherché en vain d'obtenir : « être prêt à l'heure ». Les Japonais ont été prêts à l'heure. Le 1er mars, m'a-t-on affirmé, les marchandises étaient en place, sauf bien entendu les produits étrangers, car vers le 22 mars, lors de mon arrivée, on installait les générateurs, les machines motrices et les dynamos.

L'Exposition restait ouverte de 8 heures du matin à 5 heures du soir, excepté quand il y avait fête de nuit.

Le prix du ticket d'entrée était de 5 sen ou 0fr,13 environ; le samedi ou les jours de fêtes reconnues par l'Etat, le prix était double.

Avant le 1er mars on pouvait acheter d'avance des tickets un peu partout, et à partir de l'ouverture ils ne se vendaient plus qu'à l'entrée et à l'hôtel d'Osaka. Au tourniquet, le ticket était pointé, et devait être représenté à la sortie. Le visiteur qui ne pouvait le représenter au départ était forcé de payer une seconde fois.

Je dois reconnaître que dans l'intérieur de l'Exposition on trouvait de la part des gardiens la plus grande complaisance (à la condition bien entendu de s'adresser à eux en japonais). La police avait placé aux environs des gares et de l'Exposition des agents parlant anglais, l'Administration n'avait pas cru devoir faire si bien ; cependant les ordonnances principales comme les inscriptions indicatrices étaient en japonais et en anglais.

Un bureau de poste et télégraphe avait été installé, ainsi qu'un appareil téléphonique automatique, et mis à la disposition du public dès les premiers jours de l'ouverture.

L'Administration avait compris combien il est difficile de laisser vendre et emporter les objets, mais, comme les Japonais sont marchands avant tout, on avait construit le pavillon des ventes dont j'ai parlé plus haut et d'où on laissait sortir tous les objets vendus. L'aménagement était fait comme celui de la vraie Exposition, par province ; nulle part je n'ai vu cette organisation aussi bien réussie qu'à Osaka.

Il était donc absolument interdit de sortir de l'Exposition avec un paquet quelconque.

La classification a été tellement générale, que l'on peut dire qu'il n'y a eu qu'un simple classement par origine de matières premières ; chaque district avait son autonomie complète par classe.

Voici les dix classes :

1° Agriculture, Horticulture ;
2° Forêts, Industrie forestière ;
3° Marine et ses produits ;
4° Mines et Métallurgie ;
5° Industrie chimique ;
6° Tissus, Impression sur tissus, Teinturerie ;
7° Industrie du bois, Menuiserie, Charpente ;
8° Machines ;
9° Education, Science, Hygiène, Economie ;
10° Beaux-Arts, Arts industriels.

Cette autonomie par district était assez heureuse, excepté

toutefois pour les tissus dont les subdivisions étaient trop nombreuses. Presque tous les districts exposaient des tissus, on trouvait donc mélangés dans chaque groupement les soies grèges, les cotons bruts, les soies filées, les cotons filés, les tissus de soie et de coton unis, les soieries, les flanelles de coton et de laine, les draps, les toiles, etc., etc.

Ces industries auraient beaucoup gagné à être mises dans une même galerie à part, d'un côté les soies, d'un autre les cotons, puis la laine, la toile, etc.

L'industrie des tissus couvrait au moins le quart de la galerie des industries diverses, c'est-à-dire environ 6000 mètres carrés.

Un autre inconvénient était que les classes 4, 5, 6 et 7 étant placées dans ce même palais, on trouvait souvent dans les groupements des districts peu industriels, des produits grossiers à côté des soies ou d'autres produits fins.

Le but de l'Administration, en établissant cette organisation par district, d'après le dire de Japonais bien informés, était de permettre aux visiteurs de se reconnaître chez eux et surtout de bien se rendre compte de ce que faisaient tels et tels districts voisins comme agriculture, industrie ou commerce.

L'Administration avait demandé, je pourrais dire exigé, que chaque produit exposé portât une étiquette spéciale indiquant le nom de l'exposant, le genre de marchandise et le prix. Peu avaient manqué à cette formalité, le nom de l'exposant aurait plutôt été oublié que le prix, mais quel prix ! il pouvait aussi bien être à la moitié de la valeur qu'au double.

Dans les grandes industries, la légende était le plus souvent en anglais, ce qui me permettait de comprendre, mais la case réservée au prix était presque toujours couverte d'une petite étiquette rouge « Vendu ».

Dans la petite industrie, l'exposant, dans l'espoir de faire valoir sa marchandise, doublait très bien le prix ; de cette façon l'étranger, avec le meilleur interprète et la meilleure volonté, ne pouvait se rendre compte de rien, surtout que, la plupart du temps, les gardiens chargés de la surveillance n'y connaissaient rien eux-mêmes.

D'un autre côté, il eût été impossible de traduire du japonais en une langue européenne les catalogues qui étaient presque aussi nombreux que les districts.

Quoique les Japonais aient cherché à attirer les étrangers, ils ont travaillé surtout pour leur instruction ; leurs industries commencent à être assez florissantes pour qu'ils puissent dire sans souci des voisins : « Mesurons nos forces. »

Le visiteur européen a donc eu toutes les difficultés pour s'instruire ; il a dû se contenter d'admirer les installations, d'étudier les produits et prendre note des industries nouvelles.

L'organisation par district dans chaque classe a certainement donné beaucoup de facilité aux visiteurs japonais pour s'y reconnaître. Les Européens, ne connaissant pas la langue du pays, n'en tiraient pas les mêmes avantages, ils ne pouvaient prendre comme point de repère que les produits exposés ; malgré cela la visite était facile.

Les allées centrales étaient suffisamment larges, $3^{m},50$ environ, surtout les vitrines n'ayant guère que 3 mètres de haut, sur les grands passages. Chaque district avait son inscription sur une porte dominant les vitrines et généralement aussi sur une bannière suspendue en guise d'oriflamme. En supposant que tel district dans la classe des tissus eût 100 mètres carrés d'emplacement, soit 10 mètres de façade sur 10 mètres de profondeur, il était formé un ou plusieurs salons ; à l'extérieur, c'est-à-dire sur les 10 mètres de façade du grand passage, on plaçait les plus belles marchandises ou les exposants les plus importants, à l'intérieur du salon, les produits moins riches, avec des passages entre les vitrines de $1^{m},50$ à 2 mètres au plus.

Les vitrines étaient généralement uniformes par district, le plus souvent en bois naturel poli, sans teinture ni encaustique, ce qui donnait à l'ensemble de ces installations un cachet de coquetterie particulière aux Japonais.

Dans la section des laques, elles étaient pour la plupart laquées et quelques-unes même très finement.

Le peu de profondeur et de hauteur de ces montres ne permettait pas de faire de beaux étalages, pour les tissus principalement.

On peut assurer que les cinq sixièmes des objets manufacturés, quels qu'ils fussent, étaient présentés sous vitrine, tissus, porcelaine, céramique en général, verrerie, laques, conserves. produits agricoles, etc.

La statistique signalera, comme on le verra plus loin, une grande augmentation dans l'importation des verres doubles et verres à vitres pour les années 1902 et 1903. J'évalue les emplacements couverts par des vitrines dans toute l'Exposition à environ 16 000 mètres carrés, ce qui peut représenter, en calculant 0^{m},60 de profondeur et en tenant compte des vitrines double face, 30 000 mètres linéaires de verres, soit 30 000 feuilles de 1^{m},60 de haut en moyenne sur une largeur de 0^{m},70 à 0^{m},92 ; si l'on ajoute à cela : 1° tous les verres à vitres qui couvraient le dessus des vitrines ; 2° ceux qui ont servi au pavillon des ventes, et 3° ceux couvrant les galeries, la Belgique, l'Allemagne et l'Angleterre, les seuls fournisseurs du Japon, ont eu de belles commandes, la Belgique surtout, dont l'importation a déjà sensiblement augmenté dans les deux dernières années.

Son exportation au Japon a été :

En 1900, de 871 806 yen (2 266 695 francs) ;
En 1901, de 1 030 542 yen (2 679 409 francs) ;
En 1902, de 1 346 460 yen (3 500 796 francs).

Dans cette dernière année, l'Allemagne en a fourni pour 187 262 yen (485 881 francs), au lieu de 13 249 yen (34 447 francs) en 1901, et l'Angleterre 45 502 yen (118 305 francs) contre 34 467 yen (89 614 francs) en 1901.

Il est vrai que ces verres seront toujours utilisables et pourront ralentir l'importation au Japon ; mais ce sera de peu de durée, car ces verres, déjà payés en partie, trouveront plus facilement acquéreurs, surtout que de plus en plus les Japonais abandonnent le système du papier clair aux fenêtres pour y mettre des verres à vitres.

Il a été utilisé peu de glaces blanches à l'Exposition.

J'ai dit combien le matériel d'exposition, quoique simple, était coquet ; j'ajouterai que l'œil se reposait agréablement sur toutes les installations, quelles qu'elles fussent; les étalages étaient loin d'être parfaits, ils étaient même mal faits dans les tissus ; les broderies seulement étaient tendues et les soies riches pendues, le reste était plié. Mais tout cela était si méthodiquement rangé que l'on éprouvait un plaisir à regarder. Les galeries, bien aérées et bien tenues, sans poussière, invitaient plutôt à la promenade, au milieu de visiteurs nombreux et surtout de visiteuses toujours souriantes circulant sans bruit, causant sans éclat de voix. C'est probablement pour éviter le bruit des gueïta, qui est assourdissant sur un plancher en bois, que l'Administration avait fait cimenter le sol.

Cependant, qu'il me soit permis d'adresser un reproche aux organisateurs : ils ont voulu des constructions simples, ils ont certainement désiré des installations sans luxe, le Japonais n'est pas pour les grands styles, mais pourquoi ont-ils permis, dans la plupart des galeries, ce bariolage de drapeaux et autres ornements qui se balançaient au-dessus des vitrines ; tels ces cucurbitacés qu'on appelle gourdes, que l'on voyait par milliers attachés à des rubans multicolores et suspendus aux voûtes de la galerie au-dessus des installations de plusieurs districts (1) ! Quoi qu'il en

(1) Il paraîtrait, d'après l'explication qui m'a été donnée, que ces gourdes seraient un peu le symbole de l'héroïsme depuis qu'un héros japonais du seizième siècle, Toyotomi-Hideyoshi, fils de paysan devenu shogun et que le Mikado nomma plus tard Taïko-Sama, se servit de cette espèce de courge pour indiquer ses succès dans la guerre de Corée. En effet, à chaque bataille gagnée, il ajoutait une gourde dans ses armoiries; il y eut eu tant, que l'on désigna ses armes sous le nom de « armes des Mille Gourdes ».

C'est un noble sentiment qui guidait les Japonais à se servir de la gourde comme ornement, je le reconnais, il faut avouer cependant que l'emploi de l'objet en nature n'était pas heureux.

soit, cette ornementation n'était pas de bon goût, comme celle de suspendre au plafond, à l'instar des Anglais et des Américains dans leurs expositions, des quantités d'oriflammes avec des inscriptions diverses. Il est vrai, comme je l'ai déjà dit, que les Japonais ont pris de ces deux pays l'amour de la réclame à outrance.

JURY

Le Jury a commencé à fonctionner dès l'ouverture de l'Exposition pour terminer ses opérations au plus tard le 10 juin ; les récompenses étaient au nombre de six, la plus haute étant la médaille d'or.

III. — L'Exposition des produits japonais

Vu l'impossibilité d'avoir par les catalogues ou par les Exposants des renseignements précis sur les produits exposés, j'ai dû me contenter de prendre des notes générales sur les installations. D'ailleurs, les prix que l'on aurait pu me donner n'auraient rien prouvé sur la valeur de la marchandise, comme je l'explique plus haut; les renseignements généraux que j'ai recueillis auprès d'Européens et de Japonais et que je donnerai plus loin, joints aux statistiques que j'établirai, aideront beaucoup plus nos commerçants et industriels s'ils ont réellement la bonne intention d'étudier le moyen de faire des affaires au Japon.

AGRICULTURE. — HORTICULTURE

Je dois avouer que j'ai rarement vu une exposition de grains, de graines, de produits agricoles et de fruits, en un mot d'agriculture et d'horticulture en général, présentée avec autant de soin qu'on l'a fait dans chacun des districts des cinq provinces du Sud et dans l'unique groupe de la province de l'Hokkaido.

Généralement les grains et les graines se trouvaient renfermés dans des boîtes de 0m,25 environ de hauteur sur 0m,25 de largeur et quelques centimètres de profondeur; l'un des côtés, vitré, était placé dans la montre de façon que cette partie vitrée contre laquelle s'appuyaient les grains et les graines fît face aux regards des visiteurs. Les boîtes étaient superposées, contenant une qualité de chaque espèce de produit.

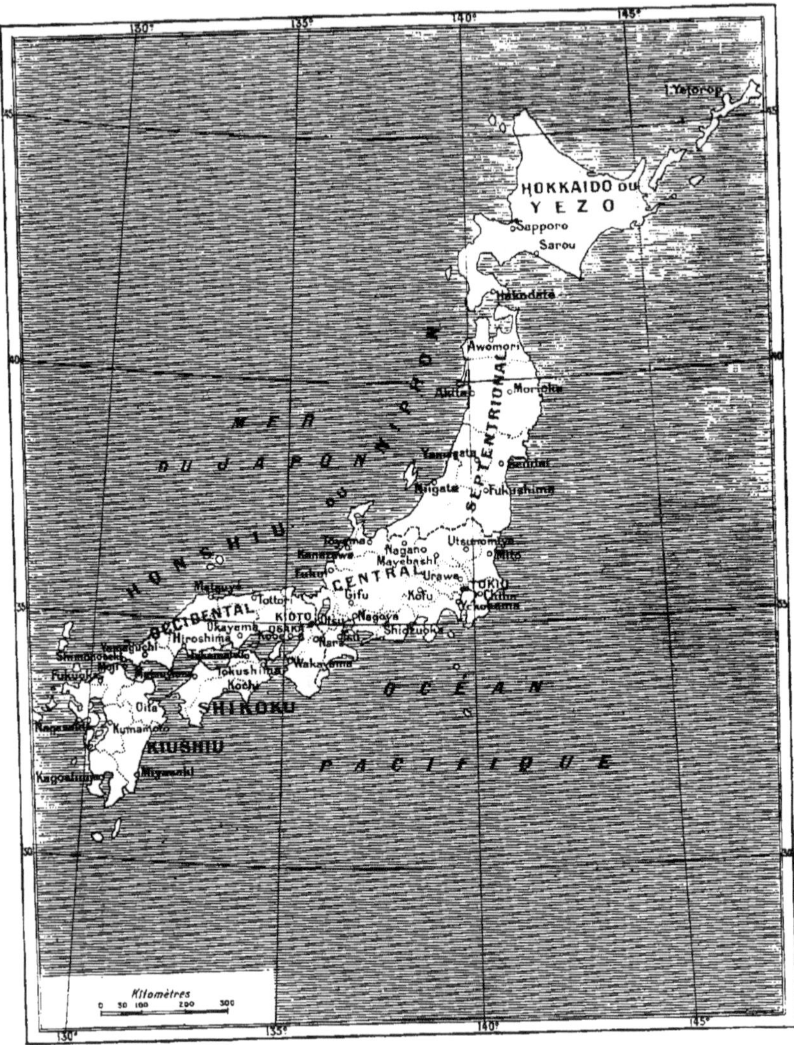

Carte du Japon.

Les vitrines pupitres étaient le plus souvent réservées aux fruits, aux légumes, aux cocons, etc., etc.

La collection la plus variée, je dirais même la plus complète, était celle de la province de l'Hokkaido, qui ne forme malgré sa grande étendue qu'un seul district (1).

L'étendue de l'Hokkaido, y compris les 32 îles environnantes, est 6090 ri carrés ou 93925 kilomètres carrés environ ; la population était en 1883 de 183000 habitants, en 1893, 379000 et atteignit, en 1898, 610000 dont 17688 Aïnos. C'est la province la plus étendue avec le plus petit nombre d'habitants.

Les Aïnos, indigènes du pays, se sont toujours tenus dans cette province, se soumettant difficilement aux lois japonaises et surtout au travail; par ce fait le sol est resté improductif. Le grand mouvement qu'occasionna l'entrée des étrangers au Japon, au commencement de la seconde moitié du siècle dernier, se fit sentir dans tout le pays ; le commerce prit une grande extension sur tout le territoire et l'agriculture par ce fait progressa ; le gouvernement encouragea l'émigration dans l'Hokkaido, ainsi que l'indiquent bien les chiffres ci-dessus de la population, et les émigrants les plus nombreux furent les agriculteurs.

En 1896, 50396 émigrants quittèrent les cinq autres provinces pour l'Hokkaido, d'où il n'en sortit que 9589; en 1897, les immigrants y furent de 64350 et les émigrants 11600.

Pendant les années 1899 et 1900 ces chiffres diminuèrent un peu pour atteindre, en 1901, 50105 immigrants en cette province d'où 9768 seulement sortirent.

Dans ces chiffres d'immigrants, les agriculteurs figurent pour le plus grand nombre ; ainsi, en 1901, il entra 20853 agriculteurs, contre 3500 pêcheurs, 2500 industriels, 2600 commerçants et

(1) Le Japon se compose de six grandes divisions que j'appellerai provinces : le Niphon central qui comprend 17 districts, le Niphon septentrional 7 districts, le Niphon occidental 10 districts, le Shikoku (île principale et celles environnantes) 4 districts, le Kiushiu (île principale et celles environnantes) 8 districts et l'Hokkaido (île principale et celles environnantes) qui ne forme qu'un district en raison du petit nombre d'habitants.

10 000 autres ouvriers sans profession définie ; sur les 9768 émigrants qui quittèrent la contrée, il ne faut compter que 2717 agriculteurs.

Ce qui prouve encore que le Gouvernement cherche à faire progresser l'agriculture dans cette province, c'est qu'il a exempté d'impôts, en 1897, 68 000 hectares de rizières, champs, propriétés bâties, etc. ; en 1899, 112 000 hectares et en 1901, 172 000 hectares dont 148 000 de champs cultivables.

Je m'étends longuement sur cette province, d'abord parce que c'est la contrée où le climat parait se rapprocher le plus de celui du centre et du nord de la France et peut permettre la culture des produits les plus variés de nos pays ; en outre il y a certainement eu des essais de culture intensive, car j'ai vu à l'exposition de l'Hokkaido un assez grand nombre de photographies représentant de grandes exploitations agricoles. Ces exploitations sont peut-être peu nombreuses, mais c'est un commencement ; et je dirai donc en troisième lieu : partout où il y a des essais et des essais avec un succès relatif, il y a occasion pour les étrangers de fournir ou des matières premières ou des machines.

D'ailleurs, depuis huit ans la superficie cultivée, comme la production dans tous les genres signalée aux statistiques, a augmenté très sensiblement.

J'ai entendu certains critiques dire que les essais faits dans l'agriculture genre occidental n'étaient pas merveilleux ; les Japonais, ajoutent-ils, n'ont pas les capitaux nécessaires pour l'exploitation en grand et le paysan préférera toujours s'adonner à la petite culture telle qu'il la pratique dans les autres provinces ; tous les essais que l'on fera ne seront que des essais d'amateurs.

Que les échantillons de grains et de graines présentés soient le résultat d'un travail d'amateur ou non, peu importe, le résultat est acquis ; ma conviction est que l'exemple donné sera suivi non seulement dans cette province, mais dans tous les districts où le climat le permettra.

Le gouvernement japonais n'a pas hésité à créer une école

normale supérieure d'agriculture où il n'y a eu, il est vrai, que 31 élèves boursiers en 1901, mais il y avait à côté 56 écoles d'agriculture publiques et privées où 417 professeurs ont instruit 5040 élèves.

Ce n'est certainement pas sans raison que ce même gouvernement a autorisé quelques ordres religieux catholiques à installer des fermes modèles où les Européens habitant le Japon ont la satisfaction de se procurer des beurres et des fromages fabriqués à la française.

La direction de l'agriculture a fait une exposition des plus instructives : En dehors des produits naturels, on voyait des tableaux représentant dans leur vraie couleur toutes les plantes, grains, graines et légumes susceptibles d'être cultivés dans le pays, une collection des insectes nuisibles qu'il faut combattre; un échantillonnage de tous les minéraux fertilisants, des engrais salins, phosphates et superphosphates, des engrais de poisson, etc. ; des tourteaux de colza placés plus loin prouvent que l'on cherche à initier les paysans à toutes les expériences.

La province d'Hokkaido ou Yéso présentait donc une grande variété de beaux fruits (pommes et poires) frais et conservés ou desséchés, quelque peu de thé et de riz, de nombreux échantillons de blés, blés petits du pays, des blés rouges d'Europe et des blés blancs, de l'orge, du seigle, de l'avoine noire et blanche (je n'en ai vu que dans quelques districts), du sarrasin, du gros maïs jaune et du maïs blanc, du millet; des graines de luzerne, de sainfoin, de colza, de ray-grass, de moutarde, de navets, de radis, de carottes, de choux, de betteraves; des oignons gros et petits; des haricots du pays et différentes espèces de haricots de France, des pommes de terre, etc., et de beaux échantillons de ramie en filasse, de chanvre fin et de lin. Il y avait également quelques échantillons de cotons.

Les différents districts du Niphon septentrional ont exposé à peu près les mêmes produits que l'Hokkaido, des graines de jardin, du thé, du riz, du très beau blé, du sarrasin, des graines de colza et des tourteaux, des haricots du pays seulement, des betteraves et de belles pommes de terre; de superbes pommes à couteau genre reinettes, des conserves de fruits et même de viande; du chanvre en filasse très fin et une autre espèce de chanvre à filament, plus gros, dans le genre de l'abaca et du jute.

Dans le Niphon central, où l'on retrouve tous ces produits de belle apparence, on commence à s'apercevoir que la province est plus au sud; c'est la province qui produit le plus de thé, de riz et de froment; les espèces exposées sont donc nombreuses. J'ai vu du tabac, du poivre, des prunes diverses desséchées, des châtaignes et des marrons, et comme conséquence, des fruits confits, et même du raisin; du gingembre et quelque peu d'oranges, des plantes médicinales variées. Dans ce centre qui est assez industriel, on remarque un peu de toutes sortes de conserves, du jambon, du lait concentré et du beurre.

Ce que j'ai dit de l'Hokkaido, je le répète pour le Niphon septentrional et le Niphon central; on essaie l'introduction des produits d'Europe.

Les districts de Kioto et d'Osaka, les plus industriels de la province du Niphon occidental et même du Japon, avaient envoyé en dehors des produits de la terre déjà énumérés, sauf cependant les graines de jardin, les dérivés obtenus industriellement tels que farines, amidon, les gâteaux genre anglais et toutes sortes de conserves, fruits et viandes, présentées comme en France, en boîtes et en flacons; des pâtes, des vermicelles, des sucres bruts, blancs et raffinés, des sucres granulés, cristallisés et des candis en gros morceaux.

Les articles utiles à l'agriculture et ceux utiles à l'industrie de provenance agricole étaient peu nombreux; j'ai vu des harnachements complets, mais surtout pour la voiture — l'agriculture emploie surtout les vaches et les bœufs — des couveuses chauffées au pétrole, des engrais, etc. ; plus loin des tissus en crin végétal et des chardons pour carder.

Les huit autres districts n'ont guère envoyé que du thé, du riz, des blés, des orges, des haricots du pays et des oranges, surtout dans le district de Wakayama.

A la province de Shikoku, qui comprend quatre districts, il n'y avait guère que du thé, du riz, du blé, de la cassonade, des pâtes, du tabac, du coton égrené et quelques graines diverses.

Le Kiushiu, qui comprend en huit districts toutes les îles du Sud-Ouest, a envoyé des produits beaucoup moins variés que les provinces du Nord, d'ailleurs sa position géographique ne lui permet pas de cultiver les mêmes fruits et les mêmes légumes; j'ai vu du thé, du riz, du blé, de l'orge, du sarrasin, du millet et, comme dérivés, des amidons, des biscuits, du vermicelle et toutes sortes de pâtes; des arachides et du chanvre à gros filament, comme l'abaca et le jute, et enfin de nombreux échantillons de sucres.

Miel. Cire. Cire végétale. — Le miel n'a guère été exposé que comme échantillon, ainsi que la cire animale, dans quelques districts de chaque province; rien n'a démontré qu'il y ait chez les Japonais un goût particulier pour l'apiculture, mais par contre leur statistique indique une grande quantité de cire végétale exportée.

Pomme de terre. Patate. — La pomme de terre sucrée ou patate ne vient que dans les quatre provinces du Sud seulement, et la pomme de terre d'Europe dans le Niphon septentrional et surtout dans l'Hokkaido où la production est relativement importante.

Brasseries. Distilleries. — Les brasseries, nombreuses au Japon, ont pris une large part à l'Exposition; quatre à cinq surtout sont très renommées; ces marques, dont la fabrication est très importante, peuvent rivaliser comme qualité avec les bières d'Europe ; déjà elles leur font concurrence en Extrême-Orient.

Les nombreuses installations de Sake, eaux-de-vie de riz, prouvent l'importance de la consommation ; on compte au Japon 22 526 distilleries et brasseries. La production des boissons alcooliques a été, en 1901, de 8 795 573 hectolitres environ.

Je citerai en passant une industrie locale très importante, la fabrication du soy, une sauce japonaise qui n'est guère consommée qu'au pays et dans les contrées fréquentées par les Japonais ; il y a 15 993 de ces fabriques qui ont produit, en 1901, 3 107 500 hectolitres environ.

Industrie sucrière. — L'industrie sucrière a pris une très grande extension dans ces dernières années, surtout dans la province de Kiushiu pour le sucre noir, et le Shikoku pour le sucre brut et le Niphon central pour le sucre brut, le sucre blanc et la mélasse.

Il n'y a au Japon que deux grandes raffineries qui font surtout le sucre en poudre ; tous les sucres en pain sont importés ; cette industrie est en général entre les mains de petits fabricants travaillant en ménage, on en comptait 96 000 environ en 1900, 90 000 en 1898 et 43 700 en 1895.

Dans ces dernières années la production de sucre a été :

	SUCRE BRUT	SUCRE BRUN	SUCRE BLANC	SUCRE NOIR	MÉLASSE
	Kilos	Kilos	Kilos	Kilos	Kilos
1895	20 311 455	4 314 438	2 879 962	14 405 868	2 384 426
1896	24 780 558	2 837 665	1 569 881	18 220 507	1 922 505
1897	16 046 036	1 467 543	1 776 817	16 523 936	1 921 023
1898	14 499 292	1 321 605	2 948 201	35 708 058	1 281 993
1899	12 779 602	862 623	3 317 415	45 006 176	2 091 168
1900	13 843 260	796 016	2 647 342	44 045 883	4 580 186

D'après ces chiffres, l'industrie sucrière, dans son ensemble, aurait sensiblement augmenté en cinq années.

Vins. Cidre. — L'industrie vinicole est nulle ; cependant il y avait quelques installations de vins. Un nommé Ushiku, s'intitulant propriétaire de vignobles dans le district de Tokio, exposait des vins blancs et rouges et des vins mousseux. Les bouteilles ayant la forme française, portaient l'inscription, pour les mousseux, « Kamiya champagne » (vins mousseux).

Un autre, nommé Rondo, à Tokio, exposait un autre genre « Ringo champagne » (cidre champagne).

Le tout était bien présenté avec des étiquettes mi-françaises, mi-japonaises ; un autre avec l'inscription « Vins mousseux extra quality ».

Sur d'autres bouteilles il y avait « Burgundy « ou « Riesling » ; il y avait même de la fine champagne avec une marque de fabrique spéciale.

Une autre maison de Tokio présentait des liqueurs, du rhum, du vermouth, une espèce de vin, dit « Vin de Kaizan » et des eaux-de-vie.

Les vins exposés par Ushiku ainsi que les cidres étaient certainement du pays, car j'ai su qu'il y avait quelques vignes plantées et les pommiers ne manquent pas, mais les autres, à mon avis, n'étaient que de la fabrication avec des vins importés.

Toutes ces dénominations de produits essentiellement français données à des produits fabriqués au Japon, sont autant d'abus de la part des industriels japonais.

Coton. — Le coton que l'on récolte au Japon sert peu à la grande industrie ; fin, mais très court, il ne peut guère être utilisé que pour la ouate ; la production en 1899 a été de 19 619 830 kilos et, en 1900, 18 353 710 kilos. C'est le Niphon central et le Niphon occidental qui en sont les principaux producteurs ; on ne trouve que des essais de culture dans l'Hokkaido.

Chanvre. Lin. Ramie. — Le chanvre en 1899 a été de 10 957 327 kilos et, en 1900, 9 947 902 kilos ; il est principalement utilisé pour les cordages et les toiles fortes.

Quatre grandes usines, installées mécaniquement pour la fabrication des toiles à voiles, des sacs et des tentes militaires, sont principalement fournisseurs de l'État.

La petite industrie fabrique pour les paysans, qui portent beaucoup la toile en été.

La production du lin est pour ainsi dire nulle, de même pour la ramie qui pousse aussi à l'état sauvage.

Pois. Haricots. — La production des pois et haricots a été, en 1902, de 6 430 200 hectolitres ; cette production est loin d'être suffisante, le Japon en a importé et principalement de Chine pour 15 000 000 de francs.

Sarrasin. Colza. — La production du sarrasin, en 1900, a été de 2 318 725 hectolitres, et celle du colza de 2 153 570 hectolitres.

Tabac. — Le tabac croît dans toutes les provinces ; dans l'Hokkaido la production est presque nulle.

Indigo. — Les Japonais cherchent surtout à tirer du sol les matières premières les plus utiles, de ce nombre l'indigo, qui vient dans toutes les provinces ; la superficie couverte d'indigotiers était, en 1900, de 46 440 hectares d'où il est sorti 68 614 830 kilos d'indigo.

Mûriers. — La superficie de champs plantés en mûriers était, en 1901, de 300 952 hectares, près de 10 000 hectares de plus qu'en 1896.

Thé. — La superficie plantée de thé était de 58 988 hectares en 1896, avec une production de 31 877 795 kilos, et, en 1901, la superficie plantée n'a été que de 48 444 hectares n'ayant donné que 26 257 728 kilos de thé.

Riz, orge, froment, seigle. — En donnant ci-dessous la production des céréales depuis 1896, riz, orge, seigle, froment, on se rendra compte de suite de l'importance de cette culture et du développement qu'elle prend chaque année.

ANNÉE	SURFACE CULTIVÉE EN HECTARES		PRODUCTION DES CÉRÉALES DE 1896 A 1901		MOYENNE PAR HECTARE	
	RIZ	ORGES	RIZ	ORGES	RIZ	ORGES
	Hectares	Hectares	Hectolitres	Hectolitres	Hectolitres	Hectolitres
1896	2767360	644917	65374216	14167103	23,650	22,000
1897	2762000	634400	59599805	14483023	21,460	22,730
1898	2794200	654120	85482933	16079231	30,550	24,550
1899	2814955	651640	71611958	15356164	25,460	23,640
1900	2804525	639060	74802123	15620907	26,740	24,360
1901	2823200	641820	84630185	16182799	30,010	25,000

ANNÉE	SEIGLE	FROMENT	SEIGLE	FROMENT	SEIGLE	FROMENT
	Hectares	Hectares	Hectolitres	Hectolitres	Hectolitres	Hectolitres
1896	665564	438892	10692634	6420848	16,000	14,550
1897	645000	454395	11122514	6874689	17,280	15,090
1898	674375	461466	13288669	7543736	19,640	16,370
1899	681440	461480	12053743	7470348	17,640	16,190
1900	687000	464487	13520888	7642883	19,640	16,370
1901	674800	483170	13157449	7892761	19,450	16,370

Non seulement la production a augmenté, due à une superficie cultivée un peu plus étendue, mais la moyenne par espèce est sensiblement supérieure ; le doit-on à une culture plus raisonnée ou à l'emploi de l'engrais, il m'a été impossible d'élucider la question.

CONCOURS TEMPORAIRES

Plusieurs concours temporaires ont eu lieu, mais je n'ai été à même de voir que le concours hippique.

Chevaux. — Les sujets y étaient assez nombreux, la majeure partie était de race japonaise, chevaux plutôt petits, trapus, peu élégants de forme ; d'autres croisés et plus élancés, et quelques étalons genre Tarbes, certainement importés. La valeur affichée variait de 500 yen à 4500 yen, c'est-à-dire 1 250 à 10 700 francs.

Dans tout le territoire le recensement donne, pour 1900, 1 542 018 chevaux, y compris ceux de l'armée.

Animaux domestiques. — L'agriculture se sert principalement de bœufs et de vaches ; le recensement de 1900 donne 1 324 469 sujets pour les deux espèces.

La vache donne très peu de lait ; le Japonais, n'en buvant pas ou peu, n'a pas cherché à entraîner la bête pour cette production.

Dans l'exposition de quelques districts, les laits condensés comme les beurres exposés n'étaient là qu'à titre d'échantillons. Aux environs des grandes villes seulement quelques fermes s'adonnent à la laiterie et quelques-unes dans les deux provinces du Nord.

Il y a très peu de porcs et de chèvres et encore moins de moutons.

Le Japonais consomme peu de viande de boucherie, c'est-à-dire de bœuf, de veau et de mouton. Il n'a été abattu en 1900 que 235 025 bœufs, cependant en augmentation progressive depuis 1895 ; cette dernière année le chiffre était de 155 000 seulement. En 1900, 10 600 veaux au lieu de 5 700 en 1895, et 22 000 moutons et chèvres au lieu de 4 600 en 1895, ont été tués.

La consommation du porc est beaucoup plus importante ; 336 700 porcs ont été livrés aux abattoirs en 1901 quand en 1895 il n'y en eut que 41 000.

Il est bon de signaler que les deux tiers des moutons, chèvres et porcs ~~consommés~~ sont importés des îles Formose.

Une statistique m'a révélé qu'il a été abattu 53 500 chevaux en 1900, c'est à croire que le cheval n'est pas dédaigné comme viande de boucherie.

Peut-on croire, par le vu ou l'historique de cette Exposition agricole, qu'elle représente la production vraie du pays; non, à mon avis; dans chaque district on s'est efforcé de montrer par des échantillons que l'on peut arriver à tel et tel résultat. Il est impossible au paysan d'abandonner dans l'espace de quelques années le genre de culture auquel il s'adonne depuis des siècles, pour un autre dont il ne peut escompter le bénéfice, comme il le fait pour le thé, le riz, le froment, l'orge, le haricot, la pomme de terre et la patate qui sont en outre la base de sa nourriture.

Il est déjà arrivé à perfectionner son travail, il a commencé à se servir d'engrais.

La statistique démontre donc avec raison le développement que l'agriculture a pris sous toutes les formes depuis dix ans.

Le grand mouvement commercial et industriel donne aux ouvriers un surcroît de travail qui les oblige à prendre une nourriture plus forte; de là, nécessité pour eux de consommer de la viande, de prendre des boissons plus hygiéniques et de manger de temps en temps des pains et gâteaux plus fortifiants que le riz. Plus on ira, plus le Japonais se créera des besoins.

J'ai parlé plus haut de la brasserie ; cette industrie est appelée à prendre un développement considérable ; les Japonais fabriquent bon ; l'exportation s'ensuivra et avant tout la culture de l'orge devra progresser.

L'Etat lui-même nourrit mieux le soldat et le marin, ce qui a donné naissance à toutes les industries de la conserve. De cet ensemble de faits on peut conclure que la nécessité viendra de faire l'élevage en grand et de la culture intensive ; les capitaux se laisseront alors tenter, et l'exemple donné par quelques districts pour les essais de culture de grains, graines et plantes étrangères, sera vite suivi, et cette culture entrera en peu de temps dans le domaine de la réalité.

Toutes les statistiques données sont extraites des statistiques officielles de l'empire du Japon. Les prix étant établis en yen, le change a été fait pour ce rapport au taux moyen de 2fr,60.

FORÊTS ET INDUSTRIES FORESTIÈRES ET PRODUITS DES FORÊTS

L'installation des forêts a été faite comme l'agriculture, par district, mais elle est loin de présenter un aussi bel ensemble. Voici les principaux produits présentés : les marrons, très beaux,

Pavillon des forêts.

les châtaignes, les noisettes, et les champignons en très grande quantité, conservés ou desséchés ; il s'en fait d'ailleurs un grand commerce avec Hong-Kong et la Chine.

Des échantillons de liège ont été envoyés par quelques districts, surtout celui de Gifu, mais l'épaisseur du liège ne permettrait pas de faire de gros bouchons.

Les fourrures et peaux non travaillées n'étaient présentées que par deux exposants.

Tous les bois présentés étaient naturels, simplement polis

sans vernis; des sapins en planches et en douves de toute beauté, ce qui permet de faire des tonneaux et des foudres de toutes dimensions, une autre industrie tire du sapin des copeaux aussi fins que la paille pour tresses à chapeaux qui s'expédient dans le monde entier et surtout aux Etats-Unis.

On voit le bambou travaillé sous toutes les formes et surtout en meubles qui s'exportent dans tout l'Orient.

De tous les bois tendres exposés, genre sapin, le cryptoméria, le ceiling, le timber ordinaire sans nœud, le fancy timber, genre sapin noir, la petite industrie des villages tire une quantité d'objets qui se vendent à l'exportation et surtout aux étrangers de passage dans les stations balnéaires, dans les contrées à paysages ou monuments renommées; de ces petites boîtes en marqueterie ou en bois naturel, de ces petits plats ou assiettes à l'intérieur sculpté, de ces boules de diverses couleurs, de ces petites maisonnettes imitant celles du pays, de tous ces brimborions en bois naturel poli ou sculpté il se fait un commerce considérable qui n'entre pas dans les statistiques des douanes, mais laisse quand même la forte somme au pays.

Les principaux échantillons de bois relativement durs étaient : une espèce se rapprochant du chêne, servant à la menuiserie, le camphrier employé surtout pour les malles, une espèce de bois noir et un autre tigré que l'on appelle « persïmmon timber », des plateaux d'érable, teinte rouge, de 1 mètre et $1^{m},50$ de diamètre, différentes espèces d'érable, entre autres une appelée « Fochi » que l'on nomme aussi érable blanc à reflet brillant.

Des sapins ordinaires on tire une grande quantité de traverses de chemin de fer, même pour l'exportation, et aussi les petits bois d'allumettes.

MARINE ET SES PRODUITS

Avec le développement des côtes du Japon (7040 ri, soit 27650 kilomètres) et surtout avec le caractère essentiellement marin du Japonais on pouvait s'attendre à une belle exposition de la Marine.

Malgré l'importance de cette section, je me contenterai de signaler les principaux produits exposés.

Poissons divers. — Les poissons séchés, petits et gros et de toutes sortes, et les crevettes comportaient une bonne partie de l'exposition ; le poisson séché entre pour beaucoup dans la nourriture des Japonais, et il s'en fait également un grand commerce avec l'Extrême-Orient. Chaque district a présenté, en outre, conservés dans l'alcool, une collection de presque toutes les espèces de poissons de sa contrée.

La conserve de poissons, maquereaux, sardines, anchois, langoustes, crevettes, a été, de la part des Japonais, l'objet de nombreuses études ; quelques usines se sont installées, mais elles ne peuvent produire des conserves d'aussi bonne qualité que celles d'Europe. J'ai eu l'occasion de goûter des sardines à l'huile ; on peut les comparer à notre troisième qualité, non pas que la qualité du poisson soit inférieure, au contraire les poissons de ces contrées sont tous très bons, c'est la fabrication qui est moins parfaite, l'huile de première qualité revient trop cher au Japon.

Tous les poissons propres à la conserve fréquentent en masse les côtes du Japon, il est compréhensible que les habitants aient voulu en tirer parti ; il paraîtrait même que des essais de transplantation d'oliviers ont été faits, mais sans résultat.

Engins. — Les engins de pêche étaient les principaux ornements de cette section, surtout les filets, tous fabriqués avec des filés du Japon, en chanvre principalement et quelque peu en coton. Les filés de toutes grosseurs sortent de grandes usines, tandis que les filets proviennent pour la plupart de la petite industrie de village.

Si ces filets paraissent très bien faits, on ne peut en dire autant des hameçons et des harpons, quelle qu'en soit la dimension, dont la fabrication est tout à fait grossière.

Algues marines. Ostréiculture. — L'algue marine est recueillie avec soin et il s'en fait un commerce relativement important.

Quoique les coquillages et mollusques soient largement consommés dans le pays, l'ostréiculture n'a pas paru, d'après ce que j'en ai vu à l'Exposition, avoir pris une grande extension.

Dans plusieurs districts j'ai remarqué des études complètes sur le poisson depuis la ponte ; un aquarium avait été installé à Sakai à quelques kilomètres d'Osaka, mais il m'a semblé plutôt installé comme attrait pour les visiteurs de l'Exposition que comme modèle pour les études pratiques.

Tortues. Huîtres perlières. — On rencontre au Japon beaucoup de tortues d'eau douce et de tortues de mer ; on travaille bien l'écaille et on commence même à faire les incrustations de nacre sur écaille, comme en Indo-Chine.

L'huître perlière était présentée par quelques exposants, mais les perles sont petites et la plupart blanches, sans orient ; par contre, il y avait de très jolis coraux blancs et rouges qui paraissaient bien convoités par les visiteuses.

Sous-produits du poisson. — Comme sous-produits du poisson, j'ai vu un assez grand nombre d'installations de colles de poisson, de gélatines, d'huiles de poisson et d'engrais.

Voici, d'ailleurs, une statistique qui donnera une idée de ce que rapporte la pêche au Japon :

Valeurs des produits de la pêche et des sous-produits tirés du poisson.

	1895	1896	1897	1998	1899	1900
	fr.	fr.	fr.	fr.	fr.	fr.
Poissons frais...	62 926 570,20	72 809 752,60	82 975 925,80	91 952 049,80	106 425 459.40	120 462 144,40
Poissons secs....	18 693 396,80	19 986 226,00	25 339 626,00	25 211 030,00	28 716 243.40	35 462 791,00
Poissons salés..	4 251 228,80	4 658 362.80	5 870 506,20	5 493 800,00	6 902 238.20	5 895 531,20
Engrais........	19 249 149.40	20 441 023,20	27 339 509,60	19 659 468 40	24 819 740.40	25 123 196,80
Huile de poisson.	617 089.20	628 030,00	623 339.60	499 538,00	768 905,80	1 039 084,80
Autres produits.	10 450 382,80	15 894 231,60	16 650 145,20	16 223 061,40	19 603 950.60	17 565 464,80
Totaux......	116 187 817,20	134 417 626,20	158 799 053.40	134 417 626.20	187 236 537,80	205 548 213,20

Ce tableau est instructif, il démontre à quel degré les nécessités de la vie, le besoin croissant de bien-être, surtout dans la nourriture, et l'amour du gain ont poussé l'homme à développer le commerce et par ce fait l'industrie.

Cette statistique détaillée indique la plus grande consommation de poisson frais et sec dans les provinces où se trouvent les grands centres industriels; par contre l'industrie pour la fabrication des sous-produits, qui est beaucoup moins importante, prend une extension extraordinaire dans la province d'Hokkaido où la population n'est que de six cents et quelques milliers d'habitants.

Sur la production totale des engrais au Japon qui est en 1900 de 25123196 francs, l'Hokkaido en a fabriqué pour 18219474 francs, et, sur les 17565464 francs d'autres produits, il en a fabriqué pour 6556492 francs.

Sel. — Les sels exposés avaient la meilleure apparence. Le Japon non seulement en produit assez pour sa consommation, mais en a fait même un peu l'exportation dans ces dernières années.

La production a été :

En 1895, de 10818000 hectolitres environ au prix moyen de $0^{fr},923$ l'hectolitre, si à cette époque le yen pouvait être compté comme aujourd'hui à $2^{fr},60$.

En 1896, de 9538000 hectolitres environ au prix moyen de $2^{fr},106$ l'hectolitre.

En 1897, de 11138000 hectolitres environ au prix moyen de $2^{fr},364$ l'hectolitre.

En 1898 et 1899, la production a été à peu près la même, avec un prix moyen de $1^{fr},859$ et $1^{fr},873$ l'hectolitre.

En 1900, les salines ont donné 11899000 hectolitres au prix moyen de $2^{fr},046$ l'hectolitre. C'est dans le Niphon occidental qu'il y a eu la plus grande production en 1900 avec la moyenne la moins élevée comme prix, $0^{fr},964$ l'hectolitre.

MINES. — MÉTALLURGIE ET DÉRIVÉS

Minerais. — Les collections de minerais et de charbons

étaient aussi nombreuses que bien présentées, principalement de quartz, de fer, de manganèse, d'antimoine, de cuivre et d'argent ; de charbons, d'anthracite ; de kaolin, etc., etc. Chaque compagnie avait représenté son exploitation par de nombreuses et intéressantes photographies, quelques-unes même des plans en relief et d'autres des modèles en petit de leurs usines, de manière à renseigner le public sur leur importance. Dans cette section malheureusement toutes les inscriptions, sauf quelques-unes, étaient en japonais, ce qui en rendait l'étude complète absolument impossible, les interprètes étant rarement techniciens. Cependant j'ai trouvé un tableau intéressant qui m'a renseigné sur toute la production des minerais dans le pays de 1894 à 1900 inclus.

Production totale des mines exploitées par l'Etat et les particuliers.

		1894	1895	1896	1897	1898	1899	1900
Substances métalliques.		onces	onces	onces	onces	onces	onces	onces
	or	25 553	29 101	30 981	33 385	37 336	53 951	68 422
	argent	2 338 229	2 326 700	2 078 396	1 748 609	1 946 648	1 808 944	1 893 912
		kilos	kilos	kilos	kilos	kilos	kilos	kilos
	cuivre	19 908 150	19 117 819	20 078 768	20 389 331	21 023 756	24 275 824	25 309 410
	fer	19 434 236	25 797 398	27 373 421	27 991 365	23 610 844	23 066 374	24 841 676
	fer sulfureux (b)	5 153 460	6 324 446	8 886 833	7 626 435	8 726 374	8 375 760	16 165 991
	plomb	1 462 286	1 946 749	1 954 275	770 914	1 702 541	1 988 078	1 878 049
	antimoine	402 623	639 558	516 420	823 024	232 755	228 979	349 001
	antimoine (a)	1 168 508	1 043 880	826 151	347 618	1 004 344	712 099	80 884
	étain	38 629	48 124	49 886	47 595	42 675	18 480	12 304
	manganèse (b)	13 344 443	17 112 038	17 935 961	15 420 896	11 497 395	11 336 063	15 830 715
	arsenic	5 378	7 331	6 034	13 039	7 129	5 078	4 664
	mercure	1 545	480	1 759	2 678	1 399	....	270
Substances non métalliques.		tonnes	tonnes	tonnes	tonnes	tonnes	tonnes	tonnes
	charbon de terre (a)	4 261 218	4 766 670	5 019 689	5 888 157	6 696 033	6 721 798	7 429 457
		hectolitres	hectolitres	hectolitres	hectolitres	hectolitres	hectolitres	hectolitres
	pétrole	274 168	269 678	275 934	417 101	505 945	855 784	1 383 762
		kilos	kilos	kilos	kilos	kilos	kilos	kilos
	soufre	18 754 301	15 530 550	12 518 025	13 582 121	10 321 355	10 237 312	14 438 516
	graphite (b)	1 089 000	76 657	214 920	389 940	346 590	52 886	94 275

(a) Sulfure. (b) Quantité brute.

Or et **Argent**. — Plusieurs compagnies donnaient une idée de leur production annuelle par des simili-lingots, mais la production du pays est minime. L'or a été de tout temps travaillé par les Japonais pour servir à l'ornementation de leurs temples et de leurs palais et à la décoration des objets artistiques; par ce fait, les batteurs d'or forment une véritable industrie qui a pris une assez large part à l'Exposition.

Cuivre. — La production du cuivre est énorme au point que le Japon exporte ses minerais de cuivre, ses cuivres en matte, raffinés, ou en feuilles, à peu près dans le monde entier, surtout la marque « Ashiwo Sumitowo » ; c'est même avec son cuivre qu'il paye à l'Allemagne une partie de son importation.

Les fils de cuivre sont fabriqués au pays depuis un diamètre de 0mm,40 jusqu'au plus gros; les plus fins sont importés; les fabricants sont aptes certainement à les faire, mais ils ne peuvent suffire actuellement pour les fils de transport de force.

Minerais de fer. Fers, aciers, fontes et fils. — Les gisements de minerais de fer sont nombreux, mais l'exploitation des mines par les anciens systèmes ne permet pas une grande extraction ; les minerais sont généralement riches avec une teneur pour la plupart de 65 à 70 °/₀; c'est surtout dans la province de Kiushiu que se trouvent ces gisements riches ; l'Etat y avait installé six hauts fourneaux et vingt fours à puddler, malheureusement la production est presque nulle ; il a dépensé en outre 25000000 de yen (environ 65000000 de francs) pour installer une aciérie qui permît de s'affranchir de l'étranger pour les tôles et les rails, ils n'ont pour ainsi dire rien obtenu que quelques rails et des cornières pour navires. On se contente en ce moment de faire de la fonte en attendant qu'une Société particulière prenne la main.

Cependant à Kure, deuxième arsenal maritime pour navires de guerre, on fabrique un peu d'acier; les Chambres viennent d'accorder 6000000 de yen (15600000 francs), dans le but de faire des plaques de blindage ; il est probable, d'après les spécialistes, que les Japonais ne réussiront pas.

Les autres arsenaux de la guerre et de la marine font quelques pièces d'acier, mais c'est insignifiant.

Les aciers en barre, pour outils, les frettes et cornières viennent d'Europe.

Les fils de fer et les fils d'acier sont tous importés ; aucun échantillon n'était à l'Exposition. Les fontes exposées étaient ordinaires, d'ailleurs les premières qualités viennent d'Europe.

Manganèse et antimoine. — Le pays est riche en manganèse et surtout en antimoine ; l'exportation en est continue depuis un certain nombre d'années.

L'exportation d'antimoine a été en 1900 de 376627 kilogrammes pour 280000 francs et en 1902 de 1159600 kilogrammes pour 706000 francs. La France commence à en importer.

Etain. Plomb. Zinc. — Les échantillons exposés étaient peu nombreux, quelques lingots à l'appui des minerais ; la production suffit pour les besoins du pays. Je n'ai vu aucun échantillon de zinc.

Ardoises, marbres, granits, grès. Cristal de roche. — Les ardoises sont belles, mais elles sont cassantes ; il y a peu de marbre, ce que j'ai vu était joli : de superbes cheminées en marbre blanc, bien sculptées en renaissance ; d'autres en marbre vert veiné blanc.

Les constructions ayant été jusqu'à ces dernières années faites en bois, et les maisons japonaises ne comportant aucun mode de chauffage qu'une espèce de brasero, je croirais bien que les recherches du marbre ont pu être négligées. Aujourd'hui que l'administration fait toutes ses constructions en pierres dures et en un style européen, il est certain que le travail du marbre, du granit et du grès s'étendra petit à petit. Déjà les grès sont très employés pour les meules, que l'on voyait exposées en assez grande quantité.

Les granits et les grès sont également jolis et permettent un poli superbe.

Le cristal de roche est beau et, quoique abondant, il est extrêment cher ; les Japonais y attachent un très grand prix.

Pétrole. — Les puits à pétrole sont nombreux ; la production a été presque nulle jusqu'à il y a vingt ans ; des compagnies japonaises y ont fait de beaux bénéfices sans arriver à une grande production ; une compagnie américaine vient de s'installer, laquelle a déjà fait monter sensiblement la production.

L'année 1900 a donné un million d'hectolitres de plus que l'année 1896.

Charbons de terre. — Les compagnies minières n'ont pas négligé de présenter leur charbon en gros blocs, en morceaux et sous forme de briquettes; les charbons de ce pays sont réputés très bons et peuvent avantageusement se mêler aux charbons secs pour briquettes (Voir la statistique pour la production). Au chapitre suivant, je parlerai de l'exportation.

Amiante. Soufre. — L'amiante également est travaillée, mais principalement pour les joints de vapeur et le calfeutrage.

Le soufre raffiné a été présenté par plusieurs sociétés ; cette industrie prend chaque jour une très grande extension, comme on peut le voir au tableau statistique.

Ciments. Briques réfractaires. Cornues. — Le Japon s'est complètement affranchi de l'étranger pour le ciment, qu'il présente d'ailleurs à l'Exposition avec des étiquettes absolument semblables à celles de France. J'ai remarqué une installation de cornues et de briques réfractaires.

Fontes diverses. Quincaillerie, serrurerie. Objets divers en métal. — La plupart des articles de quincaillerie et de ferronnerie, d'usage courant, se fabriquent au Japon, surtout les articles en fonte ordinaire et en tôle galvanisée.

Comme fontes de bronze ordinaire, je signalerai de magnifiques cloches mesurant $1^m,60$ de diamètre ; comme cuivre, des plats, des brûle-parfums, de la robinetterie, des bassines et articles divers de ménage ; en fonte de fer, il y avait des casseroles, des seaux, des articles spéciaux au pays, des fourneaux de cuisine, des poêles, et des grilles genre français, quelque peu de tôlerie galvanisée et beaucoup de tôles émaillées ; quoique dans le pays on mange avec des baguettes, on voyait des cuillers en métal.

Comme serrurerie, des paumelles, des charnières en cuivre et en fer ; des grilles, etc., etc.

Plus la construction se perfectionnera, plus la fabrication de la quincaillerie du bâtiment et la serrurerie augmenteront ; de même le confortable intérieur devenant une nécessité, au lieu du simple brasero, la grille et le poêle seront employés ainsi que les fourneaux pour le chauffage et la cuisine.

Une fabrication qui m'a semblé avancée, c'est celle du coffre-fort, mais sans combinaison perfectionnée, excepté pour les coffres-forts de banque dont les serrures m'ont paru de toute sécurité, de plus une grille solide les isole complètement. Les coffres-forts ordinaires me rappellent les coffres communs anglais sans combinaison ; il y en a même de fabrication moins qu'ordinaire, dont l'intérieur est en bois et qui n'offriraient aucune garantie contre l'incendie ; dans un pays où le public est peu fortuné, il lui faut du bon marché, même pour conserver sa fortune.

Je n'ai pas vu ou peu vu de clous, de pointes, de petits outils, de limes, de scies, etc. ; ces articles sont tous importés.

Coutellerie. — Toute la coutellerie ordinaire se fait au Japon, dans différents districts et surtout à Sakai près d'Osaka ; la collectivité des fabricants de cette ville comprenait tous les genres depuis le canif jusqu'aux gros couteaux de boucherie, le rasoir et la tondeuse.

L'article riche seulement, comme les services de table, est importé.

Pendules. Montres. — La pendule d'exportation que la France et l'Allemagne fabriquent était parfaitement imitée, en métal divers ; les mouvements sont importés en pièces détachées comme pour les montres, et le montage se fait au Japon ; cependant, la montre riche ou à mouvement garanti s'importera-t-elle encore pendant longtemps.

Bronzes d'art. — Les vrais bronzes d'art n'étaient présentés que par quelques maisons; j'entends bronzes d'art de style vraiment japonais qu'il est difficile de rencontrer en Europe.

Etaient également exposés d'autres bronzes que l'on peut appeler artistiques, mais qui ne sont qu'une combinaison de style européen, pour ne pas dire français, avec le style japonais ; ces bronzes satisfont la clientèle des commissionnaires importateurs de nos pays, mais ils font perdre à leurs fabricants le cachet original du Japon ; ce que je dis des bronzes, j'aurai l'occasion de le répéter pour d'autres articles.

Articles divers en métal. — Le Japon commence à faire une large concurrence à Vienne pour les lampes et les lanternes ; il y avait quelques belles installations.

L'article genre « Paris » était largement représenté, surtout par les articles en métal ordinaire ou en électro-platine ; petits plateaux, encriers, porte-cigares ; les montures des articles de voyage et de porte-monnaie, les porte-savons, les cuillers, les bassines pour toilette, etc.

Les jouets en métal étaient nombreux, mais n'avaient rien de la mécanique.

Bijouterie d'or, d'argent. Acier et doublé. — La chaîne de montre, le bouton de chemise, la broche, l'épingle, la broche à cheveux, en or, en argent, en acier, en doublé, font l'objet de nombreuses montres coquettement présentées, c'est presque de la fabrication française, mais elle ne peut guère sortir de ce genre, car ce sont à peu près les seuls bijoux avec les bagues que les Japonaises et Japonais portent. Il y avait également quelques expositions d'argenterie ordinaire et niellée, mais pour les petits articles principalement.

Je n'ai vu qu'une seule installation de vrais bijoux avec diamants et perles, qui appartenait à la maison Mikimoto, de Tokio, laquelle avait exposé des huîtres perlières à la section maritime. Ces bijoux étaient vraiment bien comme forme ; le montage, examiné attentivement, laissait peut-être à désirer.

EXPOSITION DE L'ÉTAT. — EXPOSITION DU MATÉRIEL DE TRANSPORT

Guerre. Marine de guerre. Chemins de fer. Marine marchande. — L'Etat japonais a fait son exposition ; dans les circonstances actuelles, où tout le monde en Extrême-Orient rêve « guerre », il devait surtout exposer ce qui touche à l'armée et à la marine de guerre, et comme le métal domine dans leur fabrication, ainsi que dans la construction des chemins de fer et des navires, je place ici ce chapitre.

Je dois cependant signaler les mannequins habillés en soldats et marins qui semblent faire faction et dont l'expression du visage et la tenue souple peuvent presque être comparées à celles des mannequins de nos meilleurs fabricants. Les costumes militaires sont tous fabriqués avec des draps du pays, draps grossiers, mais qui remplissent les conditions exigées ; les uniformes des officiers sont faits avec des draps plus fins importés d'Europe. Sont également exposés des échantillons des conserves japonaises consommées par la troupe et la marine.

Depuis quelques années le régime des troupes est plus confortable, il devenait nécessaire surtout avec le travail que l'on exige du soldat et du marin.

L'Etat a montré au public plusieurs canons, un à tir rapide qui n'est autre que celui Canet, avec une légère modification; une pièce de campagne sur roues; un frein hydraulique et des obus de gros calibres. Tous ces canons viennent d'Europe, ainsi que les pièces détachées ; les tubes sont percés au Japon et le tout monté dans les arsenaux; je dirai la même chose des canons de fusils actuellement fournis par la maison Holtzer. Les tourelles, les frettes et tout ce qui touche l'artillerie est généralement fourni par Saint-Chamond. Krupp et le Creusot ont aussi leur part dans l'artillerie de campagne.

L'exposition de fusils et des pièces détachées, avec une série de cartouches de tout genre, a été faite avec soin ; des bicyclettes démontables entières et une démontée, à dos d'homme, étaient à côté.

Le harnachement de la cavalerie était au complet, tout cela numéroté et étiqueté méticuleusement pour le bien des visiteurs.

La cartographie militaire jouait un grand rôle dans cette section; mais la marine n'avait montré que quelques spécimens de navires, un modèle de cuirassé et de quelques croiseurs.

Plus loin, des barres d'acier de toutes les formes avec leur section attirent mon attention ; ce qui m'étonne, car jusqu'ici, m'ont affirmé certains ingénieurs compétents, les aciéries de l'Etat n'en ont pas réussi.

Au pavillon dit de la « Transportation », on voyait par contre beaucoup d'échantillons d'aciers moulés, de grandes et petites pièces, présentés par la « Osaka iron Works » :

Un étambot d'au moins 3 mètres de haut, une hélice, des cylindres, des arbres coudés et autres, des bielles, des engrenages, des roues de wagons, des roues de bennes, etc., etc., et des rails; la rugosité de tous les moulages n'implique pas que le coulage puisse être défectueux, cependant il m'eût été agréable de voir une section, surtout des grosses pièces.

Chemins de fer. — Plus loin un train, composé d'une locomotive et trois wagons, était sur rails; wagons de 1re, 2e et 3e classe, avec tout le confortable intérieur que nous trouvons en Europe; il est à regretter que les voies de chemin de fer soient de 1m,06, ce qui donne beaucoup moins de commodités pour l'installation intérieure des wagons.

Les wagons sont maintenant faits dans les ateliers japonais ainsi que leur garniture intérieure; toutefois les châssis, les trains de roues, les roues et les essieux, les bandages de roues, les ressorts et les boîtes sont importés de l'étranger, ainsi que les rails; les boulons sont fabriqués aux ateliers avec des aciers d'Europe.

Les locomotives viennent de l'Amérique, de l'Angleterre, quelques-unes d'Allemagne ; on m'a signalé, ceci sous réserves, que les Japonais étaient à la construction de la quatrième; ils ont donc bien pu en exposer une de leur fabrication.

La France est oubliée dans ces commandes.

Ce pavillon de la « Transportation » était un modèle d'organisation pour l'instruction des visiteurs; là on ne se contenta pas d'exposer le matériel et les accessoires, mais tout ce qui pouvait plaire au point de vue géographique et panoramique était représenté :

Pour la marine, des cartes immenses avec un Japon énorme d'où partaenit des lignes de bateaux se dirigeant vers tous les autres pays figurés dans le lointain bien petits; pour les chemins de fer, des photographies coloriées ou des aquarelles représentant les paysages les plus connus et les plus fréquentés du Japon; cette collection était des plus intéressantes à étudier, j'ajouterai même à admirer pour quiconque a déjà un peu vu le Japon.

En face de ces cloisons si bien ornées, se trouvaient exposés tous les appareils de précision, de télégraphie, de téléphone ou autres utilisés dans la marine et les chemins de fer, des bouées à éclairage par le gaz d'huile, des phares, etc.

Je ne puis dire que ces appareils étaient fabriqués au Japon; ils ont plutôt été mis là, à mon avis, comme objets de démonstration, car j'ai bien reconnu la fabrication européenne, les bouées à gaz d'huile sont d'origine française, les phares exposés ont pu être montés au Japon, mais fabriqués par la maison Barbier et Bénard ou la maison Sautter, Harlé et Cie (peut-être même copiés); les lentilles étaient certainement d'origine européenne.

Les nombreux modèles de navires marchands, steamers, cargoboats, bateaux de pêche ou de plaisance, tout était bien d'origine japonaise, de même les lanternes, les petits câbles d'acier, les isolateurs; des scaphandriers tout armés et casqués avec leurs pompes prêtes à fonctionner, je dirai qu'ils ont été copiés sur le modèle Denayrouse; un mannequin était coiffé d'un casque en aluminium.

Plusieurs compagnies de navigation japonaises avaient présenté de magnifiques modèles; l'une, la Nippon-Yusen-Kaiska, avait installé une moitié de salon représentant celui d'un de ses steamers; l'aménagement en était réussi.

Enfin, dans le même pavillon, une série de pousse-pousse (Jinrikisha) de tous les modèles, les plus simples et les plus luxueux, et des petites voitures d'enfants assez bien faites, qui n'étaient que la copie des modèles européens.

Statistique des chemins de fer. — Je pense intéressant de donner les statistiques principales concernant les chemins de fer, le télégraphe et les téléphones.

La longueur des voies ferrées en exploitation était, en 1896-1897, de 4 887 kilomètres.

Cette exploitation augmenta chaque année pour arriver, au 31 mars 1902, à 8 488 kilomètres.

En 1896-1897, au 31 mars, le nombre des voyageurs de l'année écoulée a été de 65 703 179 et en 1902 de 111 664 293.

Le transport des marchandises de cette dernière année, en progression sur les autres, a été de 14 560 832 tonnes.

Les lignes de l'Etat exploitées en 1902 comprennent environ 2 458 kilomètres. Le capital des compagnies diverses exploitant les 6 030 autres kilomètres est de 690 482 000 francs.

Les frais d'installation de toutes les lignes en exploitation, Etat et Compagnies, se sont élevés à 858 851 195 francs.

Les recettes totales, voyageurs et marchandises, se sont élevées en 1901-1902 à francs	130 631 207 »
les dépenses	66 432 999 »
Les bénéfices ont été de francs	64 198 208 »

Il est utile de signaler que quelques petites compagnies avaient eu des pertes, tandis que quelques autres n'ont eu que 34,37, 40 % et au-dessus de dépenses.

Les bénéfices des lignes de l'Etat ont été de 21 887 132 francs; en les retirant des bénéfices totaux, 64 198 208, on obtient pour les compagnies 42 311 076 francs.

Si pour le capital de 690 482 000 francs on sert un intérêt de 5 %, on obtient le résultat suivant :

Bénéfices des compagnies, francs	42 311 076 »
Intérêt de 5 % sur 690 482 000 francs. . . .	34 524 100 »
Reste pour les réserves ou dividendes supplémentaires, francs	7 786 976 »

Statistique des Télégraphes. — La longueur des lignes télégraphiques en 1901-1902 était de 25 000 kilomètres, après une progression constante depuis 1896-1897 ; la longueur des fils à cette dernière année a presque doublé, pour arriver en 1901-1902 à 117 401 kilomètres.

Le nombre de dépêches expédiées affranchies et en franchise cette année-là, dans tout l'intérieur du pays, a été de 16 359 995, soit 0,3441 par habitant.

Les dépêches échangées avec l'étranger ont été de :

	Dépêches expédiées.	Dépêches reçues.
en 1896-97,	129 493	129 820
en 1899-1900,	196 561	205 717
en 1901-02,	353 624	382 438

Statistique des Téléphones. — Les abonnés au téléphone n'étaient dans tout l'empire qu'au nombre de :

en 1897	3 230
en 1898	5 325
en 1899	8 060
en 1900	11 800
en 1901	18 670
en 1902 au 31 mars	24 890

Cette progression rapide à partir de 1900 démontre que les réseaux n'ont été bien installés qu'à partir de cette époque. L'ensemble de ces réseaux comportait 60 820 kilomètres pour 21 villes.

Le plus grand nombre d'abonnés est à Tokio, avec 10 554, et ensuite à Osaka, avec 4040 ; à signaler 17 villes qui ont un ou plusieurs téléphones automatiques ; Tokio en a 33.

Statistique de la Marine marchande. — En donnant ci-dessous le tableau indiquant le nombre et le tonnage des navires marchands, je ne veux que signaler le progrès accompli de 1896 à 1901. L'augmentation de cette flotte, qu'encouragent les primes énormes payées par l'Etat, peut-elle favoriser le commerce? Non, comme en beaucoup de choses le Japon a été trop vite, et il est à présumer que les Compagnies, en faisant construire de grands steamers, ont d'abord entrevu la prime qui est peut-être le plus clair de leur bénéfice. Les Japonais tiendront les Anglais en échec pendant un certain moment, mais cela n'aura qu'un temps surtout pour les longs parcours.

STATISTIQUE DE LA MARINE MARCHANDE

Nombre et tonnage des navires marchands à vapeur (1896-1901)

ANNÉE	AU-DESSOUS de 500 tonneaux.		AU-DESSUS de 500 tonneaux.		AU-DESSUS de 1 000 tonneaux.		NAVIRES non enregistrés		TOTAUX	
	NAVIRES	TONNEAUX	NAVIRES	TONNEAUX	NAVIRES	TONNEAUX	NAVIRES	TONNEAUX	NAVIRES	TONNEAUX
1896	396	64634	48	32893	126	265696	329	10365	899	376588
1897	435	19711	51	34933	140	321980	406	12155	1032	438779
1898	479	72800	51	24361	144	357085	456	13184	1130	477430
1899	549	78685	56	37291	148	382400	468	11631	1221	510007
1900	639	83827	61	39875	159	410537	470	9127	1329	543366
1901	733	90280	66	43276	170	443639	426	5872	1395	583067

Sur les 1395 navires existant en 1901, 196 jaugeant 20046 tonneaux appartiennent à l'Etat.

Nombre et tonnage des navires marchands à voiles (1896-1901)

ANNÉE	AU-DESSOUS de 500 tonneaux.		AU-DESSUS de 500 tonneaux.		AU-DESSUS de 1 000 tonneaux.		NAVIRES non enregistrés		TOTAUX	
	NAVIRES	TONNEAUX	NAVIRES	TONNEAUX	NAVIRES	TONNEAUX	NAVIRES	TONNEAUX	NAVIRES	TONNEAUX
1896	158	22433	6	3457	1	1221	479	16944	644	44055
1897	164	22728	6	3463	1	1221	544	20718	715	48130
1898	1303	143713	5	2932	2	2740	604	21509	1914	170894
1899	2777	265017	4	2405	2	2740	539	16761	3322	286923
1900	3305	302988	3	1880	1	1525	541	14179	3850	320572
1901	3563	323645	2	1350	»	»	455	9817	4020	334812

Sur les 4020 voiliers existant en 1901, 5 jaugeant 1270 tonneaux appartiennent à l'Etat.

Outre les nombres indiqués dans les deux tableaux ci-dessus on compte en Taïwan 88 vapeurs ou voiliers jaugeant moins de

Une barque japonaise.

300 tonneaux, et un navire jaugeant plus de 1000 tonneaux en 1901.

INDUSTRIE CHIMIQUE

Parfumerie. — La parfumerie est une des industries qui aurait pris relativement le plus grand développement, à en juger par les différentes collectivités de district et les installations particulières importantes ; la parfumerie française paraît avoir l'avantage d'être considérée supérieure à celle des autres pays, je devrais dire le triste avantage, à voir les nombreuses imitations de nos marques ; le savon anglais est également imité, surtout dans l'ordinaire, une marque porte : Exquis Slippery Soap. Les imitations du français ont la même boîte, les mêmes étiquettes, les mêmes légendes, comme : « Souvenir de Nice. Extra-fin. Parfumerie du lion. Savon rose de Noël. Savonnerie parfumerie, » et ce sans le moindre caractère japonais.

Les flacons d'odeur ont également les mêmes étiquettes avec les mêmes fleurettes et les mêmes désignations ; une différence existe cependant, c'est dans l'élégance des flacons. La parfumerie destinée à l'exportation porte toujours le « Trade Mark » ou « Marque de fabrique ». Les essences de fleurs étaient exposées, mais rien n'indiquait l'importance des maisons exposantes.

Les savons dits de Marseille, pour le blanchissage et pour le dégraissage des étoffes, sont parfaitement imités quant à l'extérieur, mais je ne crois pas à la qualité.

Des produits essentiellement japonais, ce sont les poudres de riz, les huiles fines, les fards, les poudres et pâtes dentifrices.

Brosses à dents. Brosses diverses. — Voilà une industrie devenue en quelques années relativement une des plus importantes ; sept ou huit fabriques ont présenté leurs modèles japonais ainsi que les modèles européens, mais c'est l'européen qui l'emporte comme forme ; la fabrication m'a paru absolument inférieure, mais, pour un pays peu fortuné ou pour l'exportation en Orient, c'est suffisant.

Une seule maison, fondée il y a dix-huit mois environ, a présenté une fabrication soignée aussi bien dans la forme des modèles que dans le fini du travail, que ce soit de l'os ou de l'ivoire ; il est vrai que cette usine a été montée par un grand fabricant parisien, de commun accord avec les capitalistes japonais ; la direction est absolument française.

Ce que je viens de dire des brosses à dents, je peux le répéter pour tous les genres de brosses, ainsi que pour les accessoires de toilette, en os, en ivoire, en écaille ou celluloïd.

Celluloïd. — Cette industrie a pris également une certaine extension, et d'autant plus facilement que la matière première est pour ainsi dire du pays ; les spécimens ordinaires : des peignes à cheveux, peignes à chignon, broches, manches d'ombrelles, manches de parapluies, etc., et quantités d'autres petits articles sont exposés, mais la fabrication est loin de suffire au pays.

Caoutchouc. — Deux usines, l'une à Tokio et l'autre à Osaka, ont commencé à fabriquer il y a quelques années les articles que j'ai vu exposés ; ce sont des joints, des tuyaux, des jouets, du caoutchouc en feuilles, en un mot des articles faciles à faire. Elles fournissent beaucoup l'armée, ce qui leur permet de gagner de l'argent dès le début.

Il a été exposé quelques vêtements caoutchoutés, mais je pense comme produits d'essai seulement.

Cuirs et industries qui en dérivent. — L'industrie du cuir figurant à l'Exposition était assez importante et bien groupée ; les cuirs forts pour semelles sont réputés de qualité ordinaire, ainsi que ceux de vache et de veau ; ils servent surtout pour la fabrication des chaussures de la troupe ; les qualités supérieures employées sont toutes importées.

Les cuirs de veau étaient présentés en noir, en jaune et même en blanc ; je n'ai pas remarqué de chevreau glacé ni de veau mégis. Avec les cuirs légers, tels que le mouton et la chèvre, le Japonais fait beaucoup de maroquinerie ; certaines maisons font imprimer sur ces peaux des dessins divers qui donnent un cachet particulier au porte-monnaie, au sac, au coffret ou à l'album même, qui en sont fabriqués ; j'ai vu de ces objets faits avec des cuirs pyrogravés et peints, qui imitent de loin nos cuirs artistement repoussés.

La maroquinerie est très importante au Japon ; les articles de voyages, malles et sacs, sont fabriqués sur une grande échelle avec les cuirs forts du pays ; ils ont du coup d'œil, mais je ne crois pas à leur solidité ; les montures, que j'ai signalées faites au Japon, n'ont pas la résistance de celles importées.

J'ai vu également des garnitures en cuir pour chapeaux.

Toute la chaussure utilisée au Japon est fabriquée au pays et les installations étaient nombreuses ; ce sont les machines américaines qui sont employées.

Papiers. Papiers peints. Papiers-cuir. — Il eût été difficile de compter les fabricants de papier exposants ; les installations étaient plutôt faites par district et elles étaient nombreuses, de papier riche, de papier ordinaire, de papier à filtrer, de papier genre européen et de papier à serviettes ; ce dernier est exporté en grande quantité aux Etats-Unis.

En 1895, il y avait 65 204 ménages fabricants de papier qui en ont produit pour 29 950 913 francs.

Ce chiffre a progressé de quelques millions chaque année, pour arriver en 1900 à 33 636 437 francs produits par 67 207 ménages.

J'ai vu exposés des papiers peints de deux fabriques, de l'une des papiers communs et de l'autre des papiers à dessins style moderne, des papiers imitation de cuir de Cordoue très jolis et un papier spécial pour la Chine. Je crois que cette fabrique, qui est à Tokio, appartenait autrefois à l'Etat et a été cédée à une Société.

Il y avait peu de papier carton.

Couleurs, vernis, encre et produits chimiques divers. — Les exposants de couleurs et de vernis étaient peu nombreux et ne paraissaient pas importants ; un seul fabricant de couleurs vitrifiables.

J'ai remarqué quatre exposants d'encre à imprimer. Les exposants de vernis laques étaient là chez eux.

Différents autres produits chimiques, de fabrication restreinte, étaient présentés, des stéarines et bougies de stéarine (trois fabriques), d'acide acétique et d'acide sulfurique (deux installations), de l'acide nitrique, du chlore ; des poudres pour blanchir avec 36 % de chlore ; du salpêtre, de la colle forte, de la gélatine, etc.

Indigo. — Une superbe installation d'indigo a été faite par une importante maison qui annonçait une médaille d'or à l'Exposition de 1900. J'ai signalé précédemment la production de l'indigo au Japon.

Vue de la cour-jardin entre les palais principaux.

Produits pharmaceutiques. — Beaucoup de médecins japonais ayant fait leurs études en Europe, la pharmacopée se rapproche, par ce fait, de celle de nos pays ; on a donc vu à l'Exposition la plupart des produits que nous employons, les salicylates, la pepsine, les bromures, l'éther, le bismuth, l'iodure de sodium et de potassium, etc., etc., l'huile de menthe et le menthol, produits que, il y a peu de temps, la Chine était seule à fournir et que le Japon exporte maintenant.

Quoique les eaux soient bonnes au Japon, quelques industriels ont cru devoir inventer quelques eaux plus ou moins gazeuses; ainsi une eau qui fait déjà concurrence aux nôtres, est l'eau de Tansan que l'on trouve dans tous les ports de Chine et sur tous les bateaux voyageant dans ces pays.

Céramique. Porcelaines. Faïences. — Il était de droit que la porcelaine et la faïence fussent bien représentées; les exposants étaient en effet nombreux, soit qu'ils exposassent séparément ou en collectivité, mais l'industrie, à mon avis, n'a pas fait l'effort qu'elle aurait dû faire, à moins que ce ne fût avec intention. Sauf dans quelques fabriques, on ne fait plus cette porcelaine japonaise à tons vifs, en rouge, bleu et or représentant des sujets de la vie japonaise ou un personnage quelconque, ou la simple fleur chrysanthème entourée de motifs divers, cette porcelaine relativement riche que l'on admirait il y a quarante ans pour son originalité particulière et qui faisait aimer le Japon. Il est vrai que, depuis, ce genre est tombé dans la fabrication commune ; aujourd'hui, elle disparaît petit à petit, je n'en ai presque pas vu sauf deux pièces monumentales, deux vases de $1^{m},50$ de haut sur $0^{m},75$ dans la plus grande largeur et coûtant 650 francs pièce. La disparition de cette fabrication fait que déjà ce genre est vendu comme du vieux et à bon prix.

Le Japon a envoyé en Europe des jeunes gens étudier notre fabrication ou celle des pays voisins; il est alors arrivé que le genre européen a été importé dans ce pays, non seulement pour la fabrication mais pour les dessins. Il suffit de passer devant un grand magasin de porcelaines de Paris, pas de premier choix, pour se rendre compte de ce qui se fait au Japon, la forme même n'est pas changée ; les dessins représentent rarement des sujets japonais.

Parmi les belles pièces vues, je citerai celles de Kooran et Cie, du district de Saga, une entre autres, haute de 0[m],75 environ, en bleu de Sèvres pointillé or avec fleurs en relief, du prix de 470 francs. Un autre porcelainier, Higuchi, de la même province, avait des porcelaines tendres, claires, fort jolies sur lesquelles était imprimée en bleu une branche d'arbre dont les fleurs étaient frappées dans la matière, de sorte que l'on voyait les fleurs comme ajourées.

Comme article riche, j'ai encore remarqué dans la même province un service de 172 pièces environ y compris le service à thé et à café en décor sous émail, mais le coloris était un peu pâle. La difficulté de ce décor avait élevé le prix à 1 170 francs. Un autre service à décor sous émail, fleurs de myosotis jetées çà et là en bordure avec sertissage or sur le bord, était coté 1 300 francs.

La couleur dominante de toutes ces porcelaines était le bleuté ou le bleu ton sur ton ou encore le bleu sur blanc. A excellé dans ces tons un autre exposant, Foukakawa, dont les vases variaient assez comme forme ; il avait des fleurs tons gris et blanc jetés sur bleuté du meilleur effet, et des bleus avec, en relief, des motifs ton blanc dégradé qui rappelaient absolument le ton des porcelaines danoises.

Tous ces articles supérieurs sont destinés à la clientèle riche d'Angleterre et des Etats-Unis.

La ville de Kyoto, réputée pour sa porcelaine, n'a rien envoyé de vraiment beau, sauf un exposant nommé Kato, que je crois être de cette ville, un des seuls qui aient présenté un sujet japonais et que je cite pour ce fait.

A l'Exposition de Hanoï, le Japon n'avait envoyé presque que de la marchandise vulgaire, sauf toutefois les Satsuma et quelques belles pièces de Kyoto ; ces belles pièces ou des semblables, je ne les ai pas retrouvées, malgré mes recherches à l'Exposition d'Osaka. Je dois ajouter que les Japonais les faisaient payer un prix très élevé.

Plusieurs autres collectivités exposaient des porcelaines ordinaires presque toujours en bleuté ; je n'ai vu dans la quantité des pièces qu'un service de douze couverts au prix de 195 francs. Ce n'est pas avec ce genre, qui est encore trop cher que le Japon nous fera concurrence ; c'est pour cela que la fabrique s'adonne surtout aux pièces séparées ou au service à thé ou à café ; j'ai vu le même genre que l'on rencontre dans nos auberges de campagne, avec bordure bleue ou verte. Mais où le Japon aura un succès relatif pendant un certain temps contre nous, en Angleterre et dans l'Amérique du Nord et du Sud, c'est avec la fabrication d'articles en porcelaine et faïence moins qu'ordinaires, chargés d'or ou de bronze et de couleurs vives, que les fabriques réputées les plus artistiques n'hésitent pas à présenter à l'acheteur étranger.

Ayant remarqué à l'Exposition ces objets plus que communs tels que nous les rencontrons chez nous dans les foires de campagne, à dix ou quinze centimes, je fis à un Japonais qui a étudié à Lyon, à Limoges et à Paris, la réflexion suivante : « Comment pouvez-vous fabriquer de tels objets et les présenter dans une Exposition? mais vous perdez votre art national, vous perdez votre goût, c'est un malheur. — Cela nous est égal, dit-il, ce qu'il nous faut c'est que cela rapporte de l'argent. »

Ce que je voyais là n'était rien encore auprès de ce que j'ai pu voir quelques jours après dans une des premières fabriques de porcelaine de Nagoya et dans une des plus anciennes fabriques artistiques de Kyoto, la fabrique de Kinkozan :

Apercevant, en entrant, prêts à être expédiés, une quantité de ces objets clinquants neufs, je manifestai mon étonnement. Dans la première maison, un employé me répondit, comme dans la seconde le directeur à qui j'avais été présenté : « Ceci, c'est bon pour les Américains. Ils paient bien. » Sur ces objets en porcelaine la plupart petits, la dorure, je croirais plutôt la mixture cuivre, était telle que l'on apercevait à peine quelques taches de blanc.

La faïencerie, au contraire, fait spécialement des vases de 0m,40 à 0m,50 de haut; elle conserve le ton ivoire du Satsuma et couvre les contours d'arabesques, les bordures de rayures ou denticules avec des couleurs éclatantes et une mixture cuivre ou or. J'en demandai le prix : 40 à 50 yen, soit de 100 à 130 francs.

J'ai cité Kinkozan dans sa très laide fabrication ; heureusement qu'elle a conservé pour ses faïences de Satsuma, tant admirées, des artistes dont les peintures sont un rêve. Quels jolis objets cette fabrique avait envoyés à Hanoï et à son exposition de Osaka! Quels jolis objets j'ai vus dans ses magasins et entre les mains de ses décorateurs! Depuis quelque temps elle a réussi à donner à ses faïences le ton bleu de Sèvres, lequel, confondu avec le ton naturel ivoire, permet les miniatures les plus exquises.

Une autre fabrique avait exposé le même genre; de plus elle a présenté de nombreuses pièces, fabrication absolument nouvelle, sur lesquelles on a dû appliquer un moulage de même nature qui formait en relief toutes sortes de dessins genre persan; quelquefois un objet, tel un brûle-parfum, avait toute sa partie inférieure en faïence pleine tandis que la partie supérieure était ajourée des mêmes dessins genre persan.

Ces faïences sont très chères, non seulement à cause de leur originalité, mais à cause de la difficulté de fabrication.

Les faïenceries exposantes étaient nombreuses, les unes imitent en mal le Choisy, d'autres le Gien ou le Sarreguemines et un peu tous les genres, même le Delft; des grès flammés, à reflets métalliques, étaient là ; mais ce n'était pas heureux.

La poterie de grès vernissée ou non était importante : des vasques et des vases de toutes sortes, des jarres immenses servant de baignoires, des tuyaux de toutes dimensions, des statues même.

En ciment, il y avait des carreaux mosaïques, des chapiteaux, des cintres, des balustres, des rampes, des mascarons, etc., etc., en un mot il y avait toute la céramique utilisée dans les constructions aussi bien que les tuiles et les briques.

Verrerie. — Tout ce que la verrerie peut faire comme flacons et bouteilles était exposé, même des flacons de $0^m,75$ sur $0^m,35$ de large et tous les genres de bocaux, les tubes et robinets pour la chimie, des boules de couleurs, des perles, etc. Les verres à vitres obtenus jusqu'ici n'avaient que $0^m,70 \times 0^m,60$ en blanc et colorés. J'ai vu un bac de $0^m,40 \times 0^m,30 \times 0^m,35$.

Le gouvernement s'occupe en ce moment d'installer une verrerie pour verres à vitres et une glacerie.

Cloisonnés. — L'Exposition des cloisonnés n'était pas aussi importante que celles des porcelaines et faïences, mais elle était bien supérieure ; d'ailleurs le cloisonné non seulement dans son décor mais dans tout le travail est beaucoup plus délicat.

Comme pour la porcelaine, la plupart des fabricants ont abandonné le cloisonné vieux style pour ne s'adonner qu'à la reproduction des sujets modernes, fleurs, animaux, etc. ; les coloris sont généralement très doux.

Depuis quelques années on fait beaucoup de cloisonnés sur fond argent ; ce cloisonné est d'autant plus difficile pour l'artiste, que l'argent faisant un fond brillant peut contrarier les coloris de l'émail ; les belles pièces, je veux dire les pièces à tons doux bien fondus, sont très rares et coûtent très cher.

J'ai eu l'occasion de visiter des fabriques de cloisonnés à Nagoya et à Kyoto, comme dans la porcelaine la majorité des articles sont « bons pour les Américains » qui paient sans sourciller des cloisonnés à couleurs criardes et dont les dessins ne sont même pas réguliers ; dans ces fabriques, il faut insister pour voir le bel article généralement placé dans une pièce de l'arrière-magasin.

Quoi qu'il en soit, l'Exposition n'a rien fait sortir des beaux articles que le fabricant vend aux commissionnaires de Tokio, de Yokohama ou de Kobé.

La céramique occupait en 1900 le troisième ou quatrième rang dans l'industrie du Japon ; on ne peut prévoir le mouvement qu'elle a pris les années suivantes; en tout cas, la production était restée presque la même dans les années 1895, 1896, 1897 et 1898 ; la meilleure de ces quatre années avait produit pou 13533481 francs; l'année 1899, 15256363 francs et l'année 1900 17871611 francs.

Cette industrie a une tendance à abandonner les petits ateliers pour les grandes usines.

En 1895, 5088 ménages de fabricants travaillaient la céramique chez eux; en 1898 le chiffre est descendu à 4386 pour remonter en 1899 à 4604 et en 1900 à 4873 ; par contre, les usines qui occupaient 25 à 26000 ouvriers en 1895, 1896 et 1897, n'en avaient plus que 20600 en 1898 et 19450 en 1899, sans cependant diminuer leur production. En 1900, le nombre des ouvriers est monté à 26270 pour arriver au chiffre ci-dessus de production, 17871611 francs.

Objets laqués. — L'industrie des objets laqués marchait en 1900 après celle de la céramique comme valeur des produits ; si elle progresse à l'avenir comme elle l'a fait depuis 1895, elle la dépassera vite.

En 1895, il y avait 5016 ménages de fabricants et 17372 ouvriers d'ateliers qui ont produit ensemble 8111096 francs.

De 1896 à 1898, le nombre des ménages de fabricants a varié de 4892 à 5608, tandis que celui des ouvriers a monté progressivement jusqu'à 20373.

En 1900, les ménages ont remonté du chiffre de 4147 en 1899 à 4933 en 1900 et les ouvriers sont redescendus à 18026 ; cependant la valeur des produits a progressé au point de doubler son chiffre de 1895 ; elle est arrivée de 8111096 à 16339226 francs.

La laque était grandement représentée à l'Exposition, il y avait de beaux objets, de très beaux objets même, paravents, boîtes et plateaux, mais ils n'étaient pas nombreux, aussi les prix s'élevaient-ils à plusieurs milliers de francs ; j'ai vu un paravent laqué avec nacre en relief marqué 12700 francs.

Les laques rouges à l'instar de celles de Chine n'étaient pas nombreuses mais fort jolies ; une porte du fameux temple de Nikko était reproduite en laque rouge avec des saillies en noir et des panneaux en ivoire de $0^m,20 \times 0^m,20$, elle était cotée 9000 francs.

Quelques laques blanches étaient également fort appréciables ; les séries de boîtes étaient nombreuses en laques noires pointillées or ou or dégradé ; voilà les objets de haut goût et de réelle valeur.

Après cela passe une longue série de laques noires et or ou jaune, c'est-à-dire laque sur sapin naturel ou un bois de même genre pour l'exportation, représentant des tables, des tableaux, des boîtes, des coupes et une quantité de petits objets divers ; un article d'exportation qui fait de l'effet, c'est la coquille d'œuf ; une coquille d'œuf est brisée en milliers de morceaux qui sont appliqués sur la laque, une couche nouvelle les fixe ; ce blanc de la coquille sur ton gris ou noir donne un cachet particulier à l'objet.

La France passe bien après les grands pays d'Europe pour l'importation de ces articles vraiment coquets ; les Français n'apprécient pas la laque à sa valeur artistique, de sorte que l'on ne voit ici que les objets de quelques sous ou quelques francs.

Incrustations. — Il y avait quelques incrustations de nacre sur bois dur ou fixées sur laque. Les Japonais n'ont pas de belles incrustations ; elles sont bien inférieures à celles de l'Annam et du Tonkin.

Autels de Bouddha. — Je signalerai pour mémoire une industrie toute locale, des plus curieuses au point de vue originalité comme au point de vue artistique ; c'est la fabrique d'autels à Bouddha, et les exposants étaient nombreux. La plupart des familles, surtout celles qui sont aisées, ont chez elles un meuble que l'on prendrait pour un coffre-fort, avec une porte à deux battants, très richement ornée et quelquefois ciselée ; l'intérieur représente en petit le fond d'une pagode où se trouve l'autel ; le plafond avec ses petites solives saillantes est tout doré ; entre chaque solive un sujet peint en miniature. Sur l'autel, richement décoré, une statue de Bouddha. De chaque côté de l'autel,

Un temple à Nikko.

et en avant, deux ou trois colonnes dorées avec chapiteau en style imitant le corinthien. A la porte une première plate-forme, puis une seconde et une troisième auxquelles on accède par une marche, et finalement quatre ou cinq marches précèdent l'autel. Tout cet or brillant et mat, bien marié avec des couleurs douces, rappelle les plus belles peintures remarquées dans les vieux temples.

Ivoire. — L'ivoirie est un art qui date de la plus haute antiquité chez les Japonais ; l'ouvrier de ce pays a un talent spécial pour cette sculpture qui réclame tant de délicatesse, surtout pour obtenir un sujet à plusieurs personnages dans un même morceau d'ivoire.

Un sujet de trois personnages par exemple, obtenu dans un seul morceau, donne à la sculpture 25 % de plus de valeur au moins, que si les trois personnages avaient été sculptés séparément et fixés ensuite sur un même pied.

Il n'y avait que trois ou quatre installations d'ivoires sculptés, une ou deux d'objets artistiques et les autres d'articles courants ; les plus belles sculptures étaient aux Beaux-Arts. Il faut se méfier de l'ivoire de cachalot ou plutôt os de cachalot que les Japonais font très bien passer pour du vrai ivoire.

INDUSTRIE TEXTILE

L'industrie textile est la plus importante du Japon ; celle de la soie marche en tête ; toutes les provinces avaient exposé des cocons, mais la plus importante production vient du Niphon central qui a fourni 3178480 hectolitres sur 4556983 hectolitres, chiffre du Japon entier.

Soie. — Voici d'ailleurs la production des cocons, soies grèges et bourre de soie, dans les six dernières années.

Industrie séricicole.

	COCONS	SOIES GRÈGES	SOIES GRÈGES qualité inférieure.	BOURRE DE SOIE
	Hectolitres	Kilos	Kilos	Kilos
1896	3313185	5410200	2287811	218111
1897	3831927	5765854	2360156	256661
1898	3657136	5549051	2456693	241128
1899	4532428	6578408	5711903	239685
1900	4967784	6584066	2770894	242733
1901	4069940	6583789	2668069	243761

Depuis 1897 la production de la soie grège est à peu près la même chaque année ; l'exportation a une tendance à augmenter ; la Chine fournit bien un peu de cocons, pour 1200000 francs environ par an.

La fabrication des tissus de soie, coton et chanvre, se fait beaucoup dans les ménages avec quelques métiers, et la main-d'œuvre est encore assez bon marché pour qu'il n'y ait pas d'avantage à monter des tissages mécaniques, surtout pour les articles spéciaux consommés dans le pays.

J'ai vu des ateliers de plusieurs centaines de métiers à main, où la fabrication revenait aussi bon marché que si tout avait marché mécaniquement ; ces tissus étant de petite largeur, les femmes conduisaient sans effort ces métiers.

Cette fabrication faite dans les ménages ou dans les petits ateliers a été cause que les exposants en tissus de soie étaient innombrables.

La majeure partie des tissus de soie sortant de ces petits ateliers étaient gris, à rayures noires ou à damier ; ils étaient généralement groupés en collectivité dans leur district. Ces tissus sont destinés pour la majorité au pays et à l'Amérique.

Les soies riches sortaient des ateliers plus importants ou des usines mécaniques ; il y a, je crois, au Japon, trois grandes fabriques mécaniques, deux à Kyoto et une à Kirin près de Tokio.

Il est impossible d'énumérer la diversité des articles de soie exposés, depuis les tissus légers mentionnés plus haut, gris, à rayures noires, jusqu'aux soies brochées, soies pour robes, unies, naturelles ou teintes, soies imprimées, mousselines de soie blanches et imprimées, soies à dessins tissés, soies brochées, pongés, etc., malheureusement toutes ces soies étaient mal présentées, sauf les mousselines, les soies brochées et celles à dessins tissés.

En général, tout ce qui a été exposé était destiné à l'exportation et était loin de valoir nos belles soies lyonnaises.

Il y a eu quelques beaux spécimens de soie exposés, mais c'étaient des tissus pour ceintures, c'est-à-dire de consommation locale; les fabricants comptaient sur la visite des Japonaises dont le plus grand luxe est dans la ceinture; ils ont conservé pour ces

Vue à vol d'oiseau

tissus spéciaux les vieux coloris du pays, un peu sombres avec de larges dessins.

Il y avait des soies tissées ton cuir de Cordoue, avec fleurs et larges feuilles d'un effet superbe; je n'en connais pas précisément l'usage; je présume que ces tissus sont également pour ceintures.

Dans les tissés, les paysages orientaux sont toujours mieux réussis que les paysages et les fleurs d'Occident.

J'ai vu quelques essais de broderies sur soie avec peintures, pour robes; ceci est la copie de ce qui s'est fait ces dernières années à Paris et en 1900.

De ces belles broderies que nous avons admirées en 1900 et que l'on vendait presque à leur poids de billets de banque, il

... de l'Exposition.

n'est rien resté pour Osaka, ou plutôt les marchands n'ont probablement pas laissé les quelques fabricants de ces chefs-d'œuvre exposer à Osaka dans la partie industrielle. Quelques spécimens ont été cependant montrés, mais ils péchaient ou dans le coloris ou dans le dessin; d'ailleurs j'ai remarqué, en me reportant à 1900, que leurs paysages en broderie fine étaient merveilleux, tandis que dans la fleur et l'oiseau, le papillon ou autres animaux l'artiste japonais ne valait pas l'artiste annamite.

Je n'ai vu que deux vitrines de rubans, une de rubans unis ordinaires, tout à fait ordinaires même, et une autre où il y avait quelques essais de rubans à dessins tissés, fleurs ou personnages ou paysages. Ce travail laissait à désirer; les grands panneaux de soie à personnages, tissés au jacquart, étaient mieux réussis, mais ce ne sera jamais que des pièces d'exposition.

Il y avait plusieurs installations de fichus de soie brodés et unis et de fichus en chenille ; ces derniers articles m'ont paru être recherchés au Japon, car l'Autriche et l'Allemagne en ont exposé.

Dans les tissus exposés de qualité inférieure destinés à l'exportation, une bonne partie était mélangée coton; cette fabrication, relativement importante, est évaluée au cinquième environ de la fabrication des tissus de soie; dans les tissus pour ceintures, le mélange soie et coton est dans les proportions de 7 à 9 de soie pure.

La fabrication des tissus de soie est une vieille industrie du pays, tandis que l'industrie du coton est pour ainsi dire nouvellement importée, on peut s'étonner à juste titre de son importance et de ses progrès continus; il n'y a pas de doute qu'avant peu l'industrie du coton égalera celle de la soie.

En 1900, la valeur des tissus de soie pure (laissons de côté les mélangés) s'est élevée à 185351271 francs, et des tissus de coton à 156041893 francs; la différence de la valeur de fabrication est donc relativement minime, soit 29309378 francs.

L'industrie de la soie exporte ses soies grèges et des tissus écrus et celle des cotons exporte surtout des filés.

Coton. — Je peux dire avoir vu exposé tout ce que l'on peut fabriquer en coton, et les installations, si elles n'étaient pas aussi riches que celles de la soie, ne laissaient rien à désirer, même pour faire voir les cotonnades à quelques sen le yard; on voit que cette industrie prospère, aussi les Japonais, en admettant que certains articles ne soient pas de fabrication courante, ont voulu quand même présenter leurs essais, comme par exemple

STATISTIQUE DE LA FILATURE DU COTON

(*Mécanique européenne*)

au 31 décembre 1900

	NOMBRE de filatures	CAPITAUX	Moyenne journalière des broches employées	PRODUCTION du coton filé	QUANTITÉ du coton employé	QUANTITÉ du coton tombé au moment de la filature	DÉCHET DU COTON FILÉ	MOYENNE JOURNALIÈRE DES OUVRIERS		PRIX COURANT MOYEN du coton filé par kilo sur l'ensemble de toutes les provinces
								Hommes	Femmes	
		Francs		Kilos	Kilos	Kilos	Kilos			fr. c.
1895	47	42 619 350	518 736	69 138 791	81 642 548	9 087 604	944 546	9 650	31 140	1,366
1896	63	59 437 843	692 384	77 195 569	93 013 568	10 934 813	1 230 596	11 394	36 087	1,299
1897	74	94 678 292	768 328	98 002 950	120 255 911	13 899 413	4 414 121	9 933	35 059	1,433
1898	72	110 089 408	1 027 817	120 612 146	159 542 460	18 677 576	2 094 034	16 183	50 620	1,385
1899	72	85 860 624	1 170 327	111 446 508	161 109 023	18 462 026	2 202 536	16 445	57 540	1,242
1900	79	93 362 131	1 135 111	120 684 697	142 675 318	14 466 019	2 930 921	12 170	43 375	1,436

Nombre d'ouvriers dans l'industrie textile (suite).

	NOMBRE des ménages de fabricants	NOMBRE des métiers	NOMBRE DES OUVRIERS		
			Hommes	Femmes	Total.
1895	660 409	949 123	53 950	985 016	1 042 866
1896	137 523	934 201	57 334	921 386	921 386
1897	665 356	947 134	54 119	987 110	1 041 229
1898	654 196	946 413	52 860	988 098	1 040 958
1899	391 517	744 537	38 935	780 866	819 801
1900	371 491	773 117	40 137	828 117	868 254

des velours à côtes, des velours unis, des serviettes éponges et peignoirs, des crépons de coton, des rideaux de mousseline.

Les cotonnades genre Rouen et Roanne étaient nombreuses, c'est de la fabrication au métier dans les petits ateliers; les autres articles les plus remarqués étaient la toile de coton écru consommée au pays d'une qualité un peu supérieure sans valoir les nôtres, mais de qualité inférieure pour l'exportation en Corée et en Chine, les flanelles de coton (collectivité importante des fabricants de la ville de Wakayama), des toiles rayées pour chemises, des calicots de toutes qualités, des pilous, des croisés, des doublures, des serviettes ordinaires, des draps mélangés laine et coton, des couvertures en grande quantité, etc.

Les filés étaient présentés dans toutes les grosseurs et dans toutes les couleurs, même ces couleurs mélangées dans des proportions définies selon le tissu, en pelote pour reprise, en cordonnets, en mèches et en torons pour les cordages.

La ouate est de grande consommation au Japon, elle provient des cotons du pays dont les fils sont courts; le bon marché permet, en effet, d'en faire une doublure spéciale pour les vêtements d'hiver.

Laine. — Cette matière première, surtout la fine, était presque inconnue il y a quelques années au Japon; on n'y avait vu que les laines de qualités inférieures pour la fabrication du drap pour la troupe; aujourd'hui la laine est l'objet d'une étude constante de la part des industriels.

J'ai vu exposés, en dehors des draps communs de la troupe, des draps tissés au Jacquard, des couvertures fabriquées sur du matériel venu d'Autriche, des fichus, des plaids de $1^{m},60 \times 2^{m}$ vendus $10^{fr},40$ (affichés), des articles en laine dits « Pyrénées », spécialité française, des reps d'ameublement et finalement des mousselines de laine.

La mousseline de laine était encore, il y a trois ans, toute importée d'Europe; la France, autrefois le principal fournisseur, se laissa devancer par les Allemands; aujourd'hui le Japon a deux fabriques : une, que j'ai visitée à Tokio, marche parfaitement et l'autre vient de terminer son installation à Osaka ; ces deux usines avaient fait une jolie installation, l'une avec une Japonaise, mannequin tournant, habillée de mousseline de laine, tenue du pays, attirait par cette réclame les regards des acheteurs qui ne négligeront pas de commander à ces fabriques installées à la française par un Français, de préférence à toute maison étrangère.

Les laines peignées viennent actuellement de France, sera-ce pour longtemps? Je dois ajouter que l'on m'a assuré qu'il se faisait déjà le dégraissage et le peignage fin.

Ramie. Lin. Chanvre. — Les articles en ramie vus n'étaient pas beaux, ils consistaient en serviettes et nappes; il y avait une fabrique, laquelle, je crois, ne marche pas bien; la fabrication est donc presque nulle.

Le lin est peu employé, je n'ai remarqué que quelques toiles fines.

La toile de chanvre, fine et autres, était exposée par plusieurs fabriques importantes, en dehors des installations des petits fabricants.

La toile de chanvre est très employée l'été pour les vêtements des paysans.

Toutes ces toiles fines de lin ou de chanvre ne peuvent, en aucune façon, être comparées à la fabrication européenne.

Le chanvre a encore beaucoup d'emplois ; à longs filaments, il est employé principalement dans les cordages, en mélangeant les torons métalliques à ceux de chanvre ; comme je l'ai dit à l'article de l'agriculture, ces chanvres à longs filaments ressemblent plutôt à l'abaca et au jute qu'au chanvre proprement dit que nous connaissons ; d'ailleurs les Japonais ont donné une dénomination spéciale à chaque espèce.

Les filets de pêche se font en filés de coton et aussi en

chanvre, de même les hamacs et les toiles canevas et à sac, la ficelle et les cordes ordinaires.

Un des principaux exposants, importante usine de l'Hokkaido, fabrique tous les genres de toiles, surtout les toiles fortes, toiles à sacs, toiles à voiles, toiles pour tentes et bâches, etc. Cette compagnie fournit principalement l'Etat.

Teinture et impression. — Je me suis abstenu, en énumérant les tissus de chaque genre exposés, de parler de la teinture des étoffes et de l'impression. Cette industrie est l'objet de la part des Japonais d'études incessantes; leurs chimistes, sortant des écoles d'Allemagne, ne négligent rien pour connaître les nouveautés et les appliquer, surtout que le Japonais a le don pour la combinaison des couleurs quand il ne veut pas imiter certains coloris européens pour la clientèle anglaise et américaine. Leurs usines sont munies des machines les plus perfectionnées pour la mise en couleur des pièces, pour les lavages, le séchage, la tension des étoffes et le pliage; de toutes les machines que j'ai rencontrées dans différentes usines, je n'ai vu, sortant de France (de la maison Dehaitre), que des appareils pour le blanchissage et le blanchiment et des cuves spéciales pour la teinture. Toutes les autres étaient allemandes. Les machines à imprimer sont de Mulhouse. Leurs graveurs pour l'impression sont recrutés en Alsace.

Un Français visite-t-il une usine où les machines sont de Mulhouse, sous prétexte que la Société fournisseur a une succursale à Paris, le Japonais croit le flatter en disant : ces machines sont françaises.

Tapis. — Les tapis se fabriquent principalement au Japon avec le coton, ensuite avec la laine et quelque peu avec du lin et du jute : ces deux dernières matières sont plutôt employées comme essai, ainsi que quelques échantillons en soie.

Le centre de fabrication des tapis est Sakai près d'Osaka; il n'avait donc été installé qu'une collectivité fort importante de ces tapis, tous faits à la main dans les petits ateliers pour la plupart.

La main-d'œuvre est si bon marché que les exportateurs n'ont pas d'intérêt à changer ce système de fabrication tout en faisant un peu tous les genres, c'est surtout la carpette et la descente de lit que l'on a exposées et peu de moquette.

J'ai demandé des prix, on me les a fait élevés pour la belle fabrication en coton; à côté de cela une carpette ordinaire de $2^{m} \times 3^{m}$ était cotée $37^{fr},50$.

La laine filée, pour ce qui se fabrique en laine, vient d'Amérique.

VALEUR DE LA FABRICATION DES TISSUS
(au 31 décembre 1900)

	TISSUS POUR VÊTEMENTS				
	SOIE	MÉLANGÉ soie et coton	COTON	CHANVRE et autres	VALEUR totale
	Francs	Francs	Francs	Francs	Francs.
1895	106 764 304	15 554 178	92 770 023	6 112 093	221 200 598
1896	119 130 346	16 053 926	99 031 631	6 937 000	241 152 903
1897	142 916 478	22 259 032	106 325 190	12 544 561	284 045 619
1898	164 172 616	28 746 250	125 155 186	9 969 567	328 043 619
1899	209 305 187	41 630 459	135 592 894	11 405 350	397 933 890
1900	192 352 272	41 321 218	156 041 868	10 884 440	400 599 798

	TISSUS POUR CEINTURES			
	SOIE	MÉLANGE soie et coton	COTON	VALEUR totale
	Francs	Francs	Francs	Francs
1895	14 061 338	11 177 130	3 647 745	28 886 213
1896	21 519 110	7 693 350	2 576 631	31 789 091
1897	22 648 335	8 226 046	3 533 512	34 407 893
1898	28 061 056	16 078 574	1 538 664	45 678 294
1899	26 559 262	19 788 636	1 835 579	48 183 477
1900	24 665 313	20 119 936	3 406 725	48 191 974

Note. — Outre les chiffres indiqués dans ce tableau, on compte, en 1899, 8 799 055 francs et, en 1900, 13 090 272 francs de tissus de laine et, pour 1895, 15 298 francs de tissus de soie désignés sous le nom de mouchoirs.

VÊTEMENTS ET ACCESSOIRES

Bonneterie. — La bonneterie n'est pas encore réputée grande industrie, cependant elle a pris une extension telle que le pays n'achète plus rien à l'extérieur, au contraire l'exportation en Chine commence; les fabricants du district de Tokio s'étaient mis en collectivité pour mieux faire voir leur fabrication; il y avait 21 exposants qui ont montré les types les plus divers de la bonneterie, celle de soie, de laine en petite quantité; un exposant surtout avait envoyé des articles riches; celle de coton en majeure partie, les gilets de dessous, les caleçons, les gilets de femmes, finement faits et soigneusement présentés, les gros gants d'hiver et des gants de fil.

Plusieurs exposants d'Osaka ou du district avaient également de superbes articles ; en articles ordinaires un exposant affichait ouvertement ses prix : gilets d'homme, un quart de douzaine 2 yen 40 ou 6fr,25. Nous pouvons faire ces prix-là chez nous, mais l'article japonais me paraissait supérieur comme qualité. Un exposant a montré des bas, il faut l'avouer, de mauvaise fabrication.

Passementerie. — La passementerie de soie consistait en cordonnets, glands, dragonnes et articles pour tenue d'officiers, de même la passementerie en or; les mêmes articles se font en coton pour les soldats, ainsi que d'autres articles pour usages divers en soie et coton mélangés.

La passementerie d'ameublement n'existe pas, ou du moins je n'en ai pas vu.

Chemises. Confections diverses. Boutons. Bretelles. Cravates. — Le costume européen devenant de plus en plus à la mode, la chemise fine est de première nécessité; de grandes maisons avaient exposé, elles font déjà l'exportation surtout pour les chemises de flanelle de coton, peu de flanelle de laine; la consommation des flanelles de coton est grande au Japon; quel que soit le costume de l'habitant, il a toujours un gilet ou une flanelle de coton.

Les tailleurs à l'européenne n'ont pas manqué de se faire connaître à l'égal des confectionneurs de costumes japonais.

Façade du palais des manufactures, sur les jardins.

Les vêtements imperméables exposés étaient des échantillons d'essai d'une fabrique de Tokio.

La fabrication du bouton est encore une industrie qui se développe; boutons de toutes sortes : en nacre, grands et petits, assez bien faits; en os, en corne, en celluloïd, ordinaires; en métal surtout pour l'armée, mal faits, etc., etc., il y avait huit exposants ; le Japon fait l'exportation de ces boutons, ceux couverts d'étoffe viennent d'Europe.

Une vitrine de bretelles, mais je croirais à la fabrication des bretelles avec des tissus et des boucles importés d'Europe; les cravates exposées n'étaient qu'ordinaires; l'article riche est importé.

Chapeaux de feutre et de paille. — Il y a au Japon quatre grandes usines qui exposaient l'article de consommation indigène bon marché, c'est-à-dire l'article commun, mais elles ne suffisent pas pour le pays; l'Angleterre est le principal fournisseur du supplément à $0^{fr},50$ près sur le prix japonais.

Les cloches à chapeaux pourraient être importées. La garniture cuir et satin se fait au Japon.

Le chapeau de paille se fait naturellement au pays avec des tresses en pailles naturelles ou pailles de copeaux.

Fleurs. — Les fleurs artificielles imitant celles du pays sont bien faites, les autres ne sont pas réussies, on voit que l'ouvrière ne possède pas dans sa tête l'image des fleurs exotiques. Les installations de fleurs de glycines, de chrysanthèmes, de camélias étaient fort jolies et intéressantes à voir; la fabrication n'en doit pas être importante, car il s'importe beaucoup de fleurettes dont les Japonais et Japonaises aiment à se parer les jours de fête.

Parapluies et ombrelles. — L'emploi des parapluies et des ombrelles est général au Japon comme en Chine où se fait une exportation énorme; le Japon a saisi ce client d'autant plus facilement qu'il fabrique tout chez lui : monture et soie, excepté toutefois le coton qui vient d'Angleterre et un tissu mélangé spécial qui vient d'Italie et quelques poignées riches; plusieurs importantes fabriques avaient exposé, entre autres une de Nagasaki et plusieurs d'Osaka; tous ces objets avaient l'apparence de bonne fabrication et étaient fort bien présentés, de sorte que l'on pouvait facilement voir tous les genres.

CHARPENTE. — MENUISERIE. — ÉBÉNISTERIE

Charpente. Charronnage. — Sous cette dénomination, je ne puis que rappeler ce que j'ai dit sur le travail du bois au chapitre de *la marine* et de *la transportation* pour les divers objets exposés, tels que les bateaux de pêche, les voitures et les traîneaux, et à celui des *forêts* pour les douves, les foudres, les bacs, le travail du bambou, etc.

Menuiserie. Ebénisterie. — L'industrie du meuble, en dehors du bambou, est presque nulle; mais le bambou travaillé fournit à l'exportation les articles les plus divers; tables, chaises, portemanteaux, porte-bouquets, porte-cannes, bacs, tubes, et surtout le petit panier et la corbeille, etc.

Avec étonnement je vis plusieurs installations de meubles bien sculptés, entre autres un meuble de coin en style se rapprochant de la renaissance, formant canapé et au-dessus du siège deux étagères avec fronton dominant : à côté, une causeuse, dite tête-à-tête, du même style.

Plus loin, se trouvait un salon complet à l'européenne, le meuble était en Louis XV, mais un peu trop contourné ; le fabricant a voulu faire de la fantaisie dans ses chaises en faisant le dossier plus large que le siège ; j'ai signalé précédemment la cheminée de ce salon.

La tapisserie était bien exécutée, même les draperies de portières.

Il y avait davantage de fauteuils sculptés, de chaises et de canapés exposés, tous sièges d'administration.

Il y avait quelques échantillons de marqueterie tout à fait ordinaire et plusieurs billards.

Les jouets en bois étaient nombreux, dominos, petites constructions, boules, sphères, bébés, voitures, etc., etc., des malles, des paniers, des meubles en rotin dont la fabrication augmente tous les jours.

Les petites industries avaient montré des quantités d'objets utilisés dans le pays et qu'il importe peu de mentionner.

MACHINES

La construction mécanique est loin d'avoir progressé comme certaines industries ; pour la mécanique, il faut non seulement des ingénieurs, mais aussi des ouvriers exercés.

Dans les ateliers on saura copier une machine, mais non créer, encore cette copie sera-t-elle grossière, comme j'en ai vu des spécimens à l'Exposition. Il existe bien quelques grands ateliers où on fait un peu tous les genres de machines, mais sans nouveauté ; je citerai la maison Shibaura Engeneerings Works, de Tokio, qui a exposé une machine à double expansion de 200 chevaux servant à l'extraction des mines, une pompe à double centrifuge, brevetée, par Mitsui, des dynamos de grande force, des moteurs électriques et des ventilateurs électriques.

Une autre machine à vapeur pour l'extraction des mines, de 200 chevaux de force, a été exposée par Kobukuvo Iron Works, du district de Fukuoka.

Plusieurs constructeurs de bateaux avaient envoyé des modèles de pompes, entre autres Makashima-Sankosho engineers Ship builders, une pompe de navires à quatre tensions.

La maison Zamakura, de Tokio, avait envoyé une machine à imprimer typographique ; deux machines lithographiques, donnant l'une dix exemplaires, l'autre douze à la minute, puis une machine pour la fabrication de l'encre.

Les machines exposées, utilisées dans la fabrication du tissu, étaient :

Une machine à carder la ouate ;
Une machine à tisser, de Kimoto ;
Plusieurs autres machines à tisser ;
Une machine à embobiner ;
Une à tresser la soie ;

Différents modèles de machines à nettoyer la soie ;

Une machine à filer de Makashima, d'Osaka ;

Une machine à tricoter et une à tresser ;

Une machine à faire les rubans, exposée par Mitoni Busau

Entrée du palais des machines.

Kaisha contractors ; ce titre me démontrerait que cette machine n'était pas japonaise.

Trois mécaniciens avaient envoyé des machines à macaroni et vermicelle.

Plus intéressantes étaient les deux machines que j'ai vues pour faire les aiguilles, machine préparatoire et machine pour finir.

Une débiteuse forestière pouvant couper depuis 1/8e de pouce jusqu'à un pouce d'épaisseur et fournir un débit de 1185 mètres carrés en 12 heures, présentée par Kavashi, à Furukawa-cho-Osaka.

Une meule émeri automatique pour aiguiser les scies, une raboteuse, un tour de près de 12 mètres de long (13 yards), etc.

Deux constructeurs avaient envoyé une série de machines pour le roulage du thé et sa préparation ; un autre, deux machines, une à moteur, l'autre à pied pour la décortication des riz.

Différentes petites machines à usages divers ; machines à couper les engrenages de montres et à couper les peignes pour tondeuses, machines à fabriquer des savonnettes.

Un modèle de dragueuse de la « Osaka iron Works » ; des pompes à bras et à vapeur de différentes dimensions ; un filtre-presse pour liquide épais, une série de machines pour la fabrication des cigarettes, une machine pouvant fournir 60 cigarettes et l'autre 170 à la minute.

L'exposant Watanabé, à Osaka, ne m'a pas semblé être le constructeur de ces machines, mais le contractor.

Je dirai la même chose pour une série de machines à faire les allumettes, machine à couper les bandes des bois en copeaux pour les tiges, machines à couper les tiges et machines pour les tremper.

La Société Suzuchi iron Works, à Tokio, avait fait, dans un pavillon particulier, une installation complète pour la fabrication du sucre : machine à vapeur, bassines, presses, etc., etc.

Voilà l'importance de l'Exposition mécanique japonaise.

Électricité. — Sauf par les dynamos de la Société Shibaura Engineerings Works, l'électricité n'était pas représentée.

Constructions métalliques. — Je n'ai rien eu à noter d'intéressant au point de vue de la construction métallique ; on voit sur les lignes de chemins de fer de superbes travaux d'art, mais toute la construction de ces ponts est préparée en Europe ou en Amérique, et les montages sont faits dans les ateliers japonais.

ÉDUCATION. — SCIENCE. — HYGIÈNE. — ÉCONOMIE SOCIALE

Le gouvernement japonais a cru devoir faire un pavillon spécial pour l'éducation, les sciences, l'hygiène et l'économie sociale ; il a réussi pour ce qui a trait à l'éducation et aux sciences ; l'hygiène était un peu négligée excepté pour ce qui a trait à la chirurgie et les instruments ; l'économie sociale n'était pour ainsi dire pas représentée, excepté par quelques statistiques, mais qui n'avaient rien de social, car elles traitaient plutôt les questions d'instruction et d'éducation.

La plupart des écoles spéciales, industrielles, minières ou agricoles exposaient des travaux d'élèves. La mécanique était représentée par des chaudières et de la chaudronnerie diverse, des machines-marines en réduction, tous les accessoires de machines, des machines outils, de petits appareils électriques, etc.

La chimie traitait la porcelaine et la céramique en général, les couleurs, les matières colorantes ; des échantillons de porcelaines et faïences décorées étaient exposés et des essais de teintures et d'impression sur étoffes, bien entendu travaux d'élèves.

Les écoles minières avaient envoyé des cartes géologiques. Des écoles pratiques de tissage exposaient des tissus ou des filés ; d'autres écoles, des broderies, des fleurs, de la couture.

Les écoles forestières et agricoles s'en étaient tenues à des tableaux synoptiques divers.

Ce qui m'a le plus étonné, c'est la fabrication des harmoniums, des pianos, des instruments divers de musique, même les musiques automatiques genre Suisse ; il y avait plusieurs fabriques d'harmoniums, et dans la province de Shizuoka une fabrique de pianos droits et à queue ; je me suis fait confirmer que cette fabrique existait bien.

Dans les sciences tout est imité : j'ai remarqué six ou sept installations d'instruments de chirurgie, je doute encore que tout ce que j'ai vu soit d'origine japonaise; cependant je sais que plusieurs industriels se sont mis à cette fabrication comme à celle des instruments de précision et des instruments de dentistes.

Dans l'art dentaire, le Japonais, élève des Américains, est passé presque maître, au dire des Européens.

Etaient exposés quelques spécimens de tous les appareils de sciences, des balances, des manomètres, des thermomètres, des compas, de l'optique, etc.

Les pièces anatomiques du corps humain dans tous les genres étaient assez nombreuses; de même l'école de vétérinaires avait envoyé tout ce qui peut donner une idée de l'anatomie des animaux. Il y avait même une école de naturalistes exposant.

De nombreux appareils de photographie, surtout en bois, étaient là entourés de quantités d'épreuves démontrant la qualité du système, même des cinématographes. N'ayant pu contrôler si réellement ces appareils étaient là pour la démonstration comme servant à l'éducation des enfants, je me suis informé et l'on m'a confirmé qu'il y avait bien des fabricants d'appareils photographiques.

Quoi qu'il en soit, je ne puis que rappeler ce que j'ai dit une fois, les Japonais ont voulu montrer quelque chose, quoiqu'il leur en coûtât; ils ont tenu à prouver qu'ils peuvent tout faire.

Les écoles primaires et secondaires ont peu exposé.

L'Ecole des Beaux-Arts de Tokio avait envoyé quelques études d'élèves, quelques tableaux même, et des sculptures, ce qu'il y avait d'ailleurs de mieux.

Voici, à titre de document, la liste des écoles industrielles, agricoles, commerciales du pays en l'année 1900.

Établissements d'enseignement industriel, agricole et commercial fondés par l'État (au 31 décembre 1900)

DÉPENDANCE ET DÉSIGNATION DES ÉTABLISSEMENTS	PERSONNEL ENSEIGNANT		ÉTUDIANTS ou élèves		
	Japonais	Etrangers	Boursiers	Payants	Total
Ecole normale d'agriculture............ ...	6	—	31	—	31
Ecole supérieure de commerce....	47	6	4	835	839
Ecole normale de commerce.............	19	—	29	—	29
Ecole supérieure des Arts et Métiers de Tokio............................	59	2	29	364	393
Ecole d'apprentissage attachée à l'Ecole supérieure des Arts et Métiers de Tokio....	12	—	—	134	134
Ecole normale des Arts et Métiers.........	21	—	71	—	71
Ecole préparatoire des Arts et Métiers attachée à l'école normale des Arts et Métiers............................	7	—	—	74	74
Ecole supérieure des Arts et Métiers d'Osaka.	39	—	—	265	265
Ecole de mécanique......................	48	1	236	—	236
Ecole navale commerciale de Tokio.......	27	—	331	336	667

Écoles techniques publiques et privées (au 31 décembre 1901)

DÉSIGNATION	NOMBRE des écoles	NOMBRE des enseignants	NOMBRE des élèves
Ecoles des arts et métiers.........................	18	193 (1)	1 605
Ecoles d'agriculture..............................	56	417	5 040
Ecoles de commerce..............................	38	443	8 269
Ecoles de la marine marchande...............	4	29	319
Ecoles d'apprentissage.........................	22	123	1 642
Ecoles préparatoires des arts et métiers........	28	91	1 763
Ecoles préparatoires de l'agriculture...........	73	142	4 093
Ecoles préparatoires de l'industrie aquatique....	15	32	742
Ecoles préparatoires de commerce.............	33	49	2 234
Ecoles préparatoires de la marine marchande...	1	—	18
Totaux (1901)...........	288	1 519	25 725
En 1895..	109	460	9 353
En 1896..	169	662	14 749
En 1897..	202	883	18 268
En 1898..	221	1 078	19 789
En 1899..	227	1 245	23 096

(1) Y compris les professeurs étrangers.

BEAUX-ARTS & ARTS INDUSTRIELS

Quoique ce rapport ait principalement trait au commerce et à l'industrie, je dirai quelques mots des Beaux-Arts, surtout que

Statue de la « Clémence » en avant du Palais des Beaux-Arts.

figure dans le palais une partie de la vieille industrie artistique du pays.

La peinture à l'huile est pour ainsi dire nulle, une école cherche sa voie en imitant l'école française, mais je crains que les artistes promoteurs soient encore longtemps à trouver la bonne voie, ce qui ne les empêche pas de coter leurs tableaux très cher; c'est au Japon une manière de se faire distinguer.

Sur environ 60 à 80 tableaux exposés, une dizaine méritent

d'être appréciés; par contre la sculpture, qui est moins importante, est plus étudiée, les sujets ont bien l'expression de la vie, je ferai cependant exception pour la statue de la déesse de la Clémence, qui domine la fontaine monumentale devant le palais des Beaux-Arts. La maquette exposée est bien, mais le sujet agrandi a perdu toutes ses proportions entre les mains de l'artiste.

Il est compréhensible que la sculpture soit bien représentée, les Japonais ont eu de temps immémorial le goût du ciseau, de la gouge et du burin; la sculpture sur bois, sur pierre et celle sur ivoire surtout étaient avec le modelage l'art industriel qui rapportait le plus au pays.

Les peintures anciennes sous laques ou sur porcelaine laissent de merveilleuses traces, que malheureusement les artistes de ce genre paraissent vouloir fuir en cherchant à imiter en vain les artistes étrangers.

L'art industriel exposait de belles broderies, de belles laques que j'ai admirées avec plaisir, mais ces objets riches n'étaient pas assez nombreux et ne valaient pas ceux de notre Exposition de 1900.

EXPOSITION DES ILES TAIWAN (FORMOSE)

Depuis l'annexion des îles Formose après la guerre de Chine en 1895, les Japonais ont tout fait pour mettre ces îles en valeur et ils y ont réussi en encourageant l'industrie et le commerce par l'intermédiaire des colonies japonaises.

Aussitôt après la guerre, en 1897, les statistiques accusaient 12662 hommes japonais et 3659 femmes; en 1900, elles accusaient 24467 hommes et 13487 femmes.

La population totale était, en 1897, de 2797543 individus et, en 1900, de 2840873.

L'autorité a tenu à montrer les îles Taiwan telles qu'elles sont habitées, en faisant une exposition ethnologique très intéressante, tant au point de vue des mœurs des habitants qu'au point de vue des costumes de ces indigènes; toute la petite industrie du pays qui est la conséquence de leurs mœurs était représentée, tels que : costumes, ustensiles de ménage, plantes diverses servant à la nourriture, etc., etc...

La grande industrie était représentée; trois belles installations de camphre raffiné, la production en est énorme à Formose; les salines y sont également importantes. Les Japonais y ont importé l'industrie du travail du bois et exposaient des meubles style américain en beau bois jaune.

La soie exposée était tout à fait commune.

A signaler un chapeau genre Panama, admirablement tressé avec un petit jonc très souple ; la couleur en est verdâtre; si l'on pouvait blanchir cette paille, je ne doute pas que ces chapeaux fassent concurrence aux « Manille » qu'ils dépassent en finesse, et aux « Panama » qu'ils égalent comme travail.

Les riz, de différentes qualités, étaient sous vitrines ainsi que du tabac; quant au thé, la production y est assez importante; elle a été en 1900 de 10408853 kilogrammes, variant peu avec celle des années 1898 et 1899.

Tableau de la production du riz, du blé, etc., en 1900.

DÉSIGNATION	PRODUCTION
	Hectolitres
Riz	790809
Blé	41024
Millet	188809
Pois	90702
	Kilos
Patates	205996450
Sucre	162525057
Tabac en feuille	363972
Chanvre et lin	1502166
Indigo	4754569

Tableau de la production des sucres en Taiwan

	NOMBRE des fabricants	SUCRE BLANC	SUCRE BRUT	SUCRE BRUN	SUCRE EN PAIN	MÉLASSE
		Kilos	Kilos	Kilos	Kilos	Kilos
1898	1 388	2 780 370	1 145 802	38 229 574	—	—
1899	1 275	4 652 545	111 600	43 642 587	20 760	590 247
1900	1 093	2 193 223	2 046 540	24 214 396	38 467	274 620

Les animaux domestiques sont relativement nombreux dans ces îles, en 1900 il y avait :

77 468 vaches } buffles,
88 895 bœufs }

mais pas de chevaux.

Par contre, il y avait 48 369 chèvres et 48 772 boucs et 625 576 porcs mâles et femelles.

Il s'en fait un chiffre important d'exportation, en outre ces animaux servent à l'alimentation des indigènes qui ont abattu 242 786 porcs contre 14 000 chèvres et 12 240 bœufs.

La natte est encore une des bonnes industries du pays.

IV. — Pavillon des échantillons étrangers

PRODUITS EXPOSÉS

EUROPE

Allemagne. — Les couleurs d'aniline, les matières colorantes diverses, les indigos, ont été exposés par trois maisons dont la principale était Meister Lucius et Brüning, de Hœchst-sur-le-Mein. Cette maison remettait des catalogues extraordinairement complets, un premier concernant les indigos pour feutres, laines peignées et draps, dont les échantillons étaient joints; un second pour les cotons teints par l'alizarine; un troisième, des couleurs pour les soies; un quatrième, des couleurs diverses, pour les tissus laine et pour les tissus laine et coton.

Quelques-uns de ces catalogues étaient moitié en anglais, moitié en japonais.

Une fabrique de produits pharmaceutiques, C.-F. Bœhringer et Sòhne, de Mannheim, donnait des catalogues moitié anglais, moitié japonais.

J'ai vu les articles les plus divers : des savons, de la parfumerie avec des étiquettes et des noms de parfums en français, des perles en verre, des verroteries diverses, des bijouteries fausses genre oriental, des boutons, du carton-cuir pour semelle, du carton bitumé.

Il y avait un exposant de soie artificielle et deux de fichus en chenille et de fichus de soie.

Les machines et accessoires étaient bien représentés par:

Une série de machines à fabriquer les allumettes, de la maison A. Koller, de Berlin ;

Une machine lithographique ;

Un outillage complet d'usine, tours, machines à trancher, meule en émeri, presses, limes, etc. ;

Une série de machines-outils de la maison Richard Wagner, de Chemnitz, qui offrait des catalogues dont la désignation des machines était en japonais ;

Des machines à bois de C. L. P. Fleck, de Berlin, avec catalogues dont la désignation des machines était en japonais ;

Différentes machines électriques comportant toute une installation, de Siemens et Holske ;

Des machines-outils de E. Schiess, de Düsseldorf ;

Des poulies de toutes dimensions, des paliers de transmission, des volants, etc., etc., de la Société Maschinenbau Actien Gesellschaft, de Berlin ;

La Société Germano-américaine de Francfort exposait quelques machines à tanner, à chaussures et toutes celles concernant le travail des cuirs ;

Une Société hanovrienne avait envoyé une série d'accessoires de machines à vapeur, robinetterie, etc. ;

Une fabrique avait des courroies en caoutchouc, différents articles en caoutchouc et des amiantes ; une autre, de Dusseldorf, des machines à clous, à vis et à pointe ; le catalogue comportait également des machines à crochets, à boucles, à grillage, etc. ;

La Société Alsacienne de constructions de Mulhouse, qui fait beaucoup d'affaires dans le pays, exposait des métiers à tisser pour la soie et le coton, une machine à imprimer en huit couleurs, des chaudières à couler, une machine à carder ;

La Société Sangerhaüser Actien-Maschinenfabrick, de Sangerhausen, avait exposé des filtres-presses et différents appareils ayant trait à la fabrication des spiritueux et sirops. On y distribuait un catalogue vraiment luxueux de toutes les machines pour la fabrication du sucre, des alcools, sirops, etc., et de toutes les machines accessoires telles que pompes, treuils, machines à vapeur, machines à condensation, moulins, etc., etc. ;

La maison Ed. Liesegang, de Düsseldorf, avait exposé des appareils de projection et tous les appareils accessoires, des instruments de science, d'optique et de photographie ;

Enfin la maison J. A. Maffei, de Munich, avait exposé une locomotive à double expansion, probablement déjà vendue.

Autriche. — Les fabricants autrichiens ont envoyé des quantités de petits articles bon marché et par ce fait appréciés au Japon, des articles pour écoliers, des petits sacs en papier fort, genre cuir, même pour le voyage, des cirages et crèmes pour chaussures, des colles fortes, du savon, de la parfumerie, de la verroterie, de la verrerie de couleur genre Bohême et tous ces petits articles de Vienne qui font principalement concurrence à ceux de Paris, des boutons en verre, des broches, des épingles, des cabochons, des fleurettes avec épingles fixes, des bourses imitant celles du Japon, des boutons en métal laminé en couleur et estampé et en verre à relief, des perles imitant le corail dont les Japonaises sont amateurs, et des perles en verre ;

Des vins mousseux, des liqueurs, avec des noms français, dans des bouteilles se rapprochant comme formes de celles employées en France pour les mêmes liqueurs considérées de marque ; on en voit d'autres avec des inscriptions anglaises ; des eaux-de-vie avec inscription : *Cognac* (Victoria Cognac), *very old*, et en français : « de la plus fine qualité », des malts ; des essences pour sirops ; des capsules pour bouteilles ; des machines à capsuler et à boucher les bouteilles ;

Des cachets pour pharmacie ;

Des casseroles émaillées ;

Des couvertures de laine à bon marché ;

Des chaises en bois courbé ;

Des baguettes pour cadres ;

Du papier à lettre, du papier à cigarette et du papier d'impression ;

Des instruments de musique, d'optique et de science.

Comme machines :

Des glacières et congélateurs par l'ammoniaque, système à compression Harting, exposées par la maison Lederer et Porges, de Brünn-Konigsfield ;

Des machines à imprimer de différents genres exposées par la maison Modling bein Wien ;

Des presses, des machines à rogner le papier, des presses lithographiques de Joseph Auger et Sohne de Vienne ;

Des machines à embobiner ;

Des appareils pour raffineries et des moules pour pains de sucre.

Une installation de petites machines-outils très pratique dans ces pays pour la petite industrie comprenait :

Une machine à raboter de petite dimension ;

Un marteau-pilon ;

Une scie circulaire ;

Une meule à aiguiser, le tout mû par l'électricité.

Sur le pignon de la machine à raboter, du côté de la courroie, vient se fixer une gouge laquelle mise en mouvement par la transmission peut faire les trous ronds, allongés, et les mortaises, etc. ;

Une autre machine peut raboter les lames de parquet, faire les rainures et les languettes ;

Plusieurs installations d'outils divers, de limes et accessoires de machines étaient à remarquer.

France. — Je citerai avec plaisir les maisons françaises qui ont exposé, car il est assez rare de voir nos compatriotes s'en aller si loin, surtout ces maisons n'y ayant été convoquées que par leurs représentants du pays sans l'instigation de comités quelconques de Paris.

J'approuve la Compagnie de Fives-Lille d'avoir fait mettre une immense enseigne, c'est une publicité quelconque, cependant pour cette firme, c'est bien peu de chose, l'enseigne sans marchandise ni plan ne peut même pas être considérée comme une carte de visite.

7

Etaient exposés :

Un dessiccateur électrique, par la maison Daudo, Rogeat et Cie, de Lyon ;

Un stérilisateur, par la Compagnie Aérohydraulique, rue d'Assas, à Paris ;

Une machine à tisser, par les ateliers Diederichs, de Bourgoin (Isère) ;

Une machine rotative à imprimer, par Marinoni ;

Quatre générateurs, dont deux ont servi à produire la vapeur nécessaire à la force motrice de l'Exposition, par la maison Niclausse de Paris ;

Un propulseur universel amovible supprimant l'encombrement des organes de transmission et du débrayage, les changements de marche et le gouvernail, exposé par la Société du Propulseur, à Neuilly (Seine) ;

Deux coffres-forts par la maison Fichet, de Paris ;

Des couleurs vitrifiables par la maison Lacroix, de Paris ;

Des extraits de campêche par une maison du Havre ;

Des matières colorantes, par la Société des matières colorantes de Saint-Denis, et des matières colorantes par la Société chimique des Usines du Rhône ;

Des savons, par la maison Ch. Roux, de Marseille.

Ces quatre dernières maisons, représentées par M. Inabata, Japonais qui a fait ses études en France, et qui ne cherche que l'occasion d'être agréable aux Français, ne travaillant qu'avec des maisons françaises ;

Des parfums de Grasse et de la parfumerie Pivert ;

Des beurres d'Isigny, par J. Lepelletier, de Carentan ;

Des liqueurs et spiritueux, par Marie Brizard ;

Des conserves alimentaires, par Dandicolle et Gaudin ;

Des vins de crus de différentes marques, représentées par la maison Oppeinheimer.

Des vins expédiés par le Consul du Japon à Bordeaux figuraient dans les vitrines mises gracieusement à la disposition de M. le

Consul de France par l'Administration ; malheureusement ces vins de grand cru, non appréciés par les Japonais encore trop peu habitués à cette dégustation, ne laisseront pas de souvenir durable au Japon, où les vins relevés par l'alcool font plus d'effet.

J'ai su que l'on attendait avec impatience des produits algériens et tunisiens ayant figuré à l'Exposition de Hanoï.

Grande-Bretagne. — Les Anglais n'étaient pas nombreux ; ils exposaient :

Des produits chimiques pour la teinture, des vernis, des peintures (maison David Stower, de Londres) ;

Des cretonnes imprimées d'une maison de Manchester et des papiers peints d'une autre firme ;

Tous les produits chimiques pour la photographie ;

De la verrerie et de la miroiterie ;

Des plumes en fer et des stylographes ;

Des machines à écrire et des phonographes ;

Des matières explosibles, des obus à mitraille ;

Des cartouches et des fusils ;

Des cordages en fils d'acier, des rails de chemin de fer, des outils divers, filières, tarauds, etc. ;

Des machines-outils de différents modèles, raboteuses, perceuses, machines à cintrer, etc. (Joshua Bucklon et Cie, à Leeds, et Thornewill et Warham, de Burton) ;

Des foyers pour chaudières marines ; la même maison avait envoyé un wagon de marchandises d'une capacité de 30 tonnes, pour le charbon, tout en fer ; à remarquer que les cornières étaient embouties et non rivées.

Le représentant de la maison Linde, de Londres, avait installé dans un pavillon particulier une machine de dix chevaux actionnant une dynamo, une pompe et une petite machine à glace.

. **Hollande.** — Une société de Haarlem, connue du monde entier, avait envoyé huit modèles de dragues.

Italie. — La plus belle installation d'articles en caoutchouc de toute l'Exposition était celle de la maison Pirelli et Cie, de Milan; d'abord tous les articles de bicyclettes et d'automobiles et différents objets en ébonite; ensuite une quantité d'articles caoutchoutés ou en caoutchouc, de mercerie, pour l'hygiène et pour la chirurgie; en troisième lieu une importante série de jouets en caoutchouc. Trois catalogues bien imprimés représentaient par des dessins, à une échelle bien déterminée, les articles de sa fabrication.

Une maison avait exposé des conserves diverses, entre autres de homard; une autre maison avait des bouchons.

Russie. — De la Russie j'ai vu des vins de Crimée, Sauterne, Muscat et autres; les étiquettes étaient en russe.

AMÉRIQUE

Etats-Unis. — Les Américains envoient des objets aux Expositions et font en même temps une réclame des plus intelligentes; leurs catalogues pour la plus simple industrie sont imprimés avec un grand luxe et ont généralement un cachet original; mais ils n'ont pas, comme les Allemands, donné d'indication en japonais.

Ils ont envoyé des peintures, des vernis, des produits chimiques pour le blanchissage et pour la photographie; de la dorure et de l'argenture; des colles et des gélatines; du linoléum; des bougies; des conserves de tous les genres, du lait condensé de plusieurs provinces; des fruits conservés de Californie, des vins de Californie portant comme toujours l'étiquette de nos grands vins ou de ceux du Rhin; des wiskies, des liqueurs et des sirops fabriqués à New-York; mais leur principale exposition était en machines les plus diverses.

Toute la série de petites machines et outils pour dentiste, des lampes électriques pour les médecins, etc ;

Des salles de bain complètes et des appareils hygiéniques;

Des caoutchoucs, depuis le pneumatique et le joint pour vapeur jusqu'au plus petit objet, mais pas de jouets;

Des machines à écrire;

Des poulies de transmission embouties;

Des papiers d'émeri et des pierres en émeri;

Des enclumes;

Tous les accessoires de machine à vapeur et robinetterie; de l'amiante, des courroies de transmission en coton; des huiles à graisser, des machines-outils, des machines à bois;

Trois machines destinées à l'exploitation des mines;

Des machines à vapeur et des moteurs à gaz et à pétrole;

Une machine compresseur;

Des dynamos de différentes puissances, des lampes électriques et des charbons de la Société Westinghouse, des pompes à incendie et des scaphandres; des machines à vapeur de petites dimensions avec commande directe sur pompes diverses; des forges portatives;

Des machines lithographiques;

Plusieurs machines agricoles (deux exposants);

Des automobiles avec accessoires, lanternes, etc.;

Des bicyclettes;

Des lampes à pétrole avec suspension;

Des pendules, des montres, des garnitures de cheminée;

Des coffres-forts;

Des appareils photographiques.

Orégon. — L'Etat de l'Orégon avait fait une exposition spéciale de tous ses produits agricoles et des dérivés :

Des pâtes alimentaires et des biscuits;

Des conserves de figues, de coings, d'olives, de raisins, de poires, de pommes, de prunes, de pêches; et des confitures de plusieurs sortes;

Les mêmes fruits secs et différents condiments;

Du poivre noir, du poivre de Cayenne;

Des graines diverses, de tomates, salades, carottes, épinards, melons, moutarde, etc;

Des produits pharmaceutiques;

Des os, des cornes, du suif.

Tous les exposants de l'Allemagne, de l'Autriche et des Etats-Unis n'étaient pas dans le pavillon des échantillons; des représentants de maisons étrangères avaient installé sous leurs noms des pavillons spéciaux; pour l'Autriche, il y en avait un spécial, pour l'Amérique, deux, et un pour l'Allemagne.

Canada. — Le Canada avait son pavillon spécial et d'une certaine importance; le Gouvernement canadien, m'a-t-on assuré, payait les frais d'installation de ce pavillon. La Compagnie des Chemins de fer du Pacifique avait installé, de concert avec le Royal Steamship Line, une immense carte indiquant les correspondances du Canada avec le Japon.

Le Canada ne néglige rien pour son agriculture; l'installation centrale du pavillon était donc toute de blés, de seigles, d'orges, d'avoines, haricots, pois; les dérivés, tels que farines et biscuits, agrémentaient cette installation.

Tout autour des colonnes de soutiens, des bocaux contenaient dans de l'alcool à peu près tous les fruits : pommes, poires, prunes, cerises, raisins, fraises, etc.; un peu plus loin, du sel gemme, du miel, des bouteilles de vins portant l'étiquette d'origine, et, je le fais remarquer avec plaisir, sans la désignation de vins français; des fromages particulièrement recherchés au Japon pour leur délicatesse.

Plus loin on voyait une section de wagon dont on faisait ressortir le confortable; à côté une chambre (servant de bureau) dont les lambris et le plafond en zinc estampé avec motifs et moulures en saillies ou en creux étaient décorés blanc et or; ce genre de construction, d'ailleurs très élégante et récompensée en 1900, est des plus utiles dans ces pays humides.

Les meubles genre américain, en bois verni, ne manquaient pas : tables, armoires, toilettes, fauteuils, chaises, etc., etc.

Etaient exposés encore des cordages en chanvre, des boulons, des écrous, des fourneaux de cuisine, des fourneaux à

Pavillon du Canada.

pétrole, des pâtes de bois, avec des échantillons de papier ; des seaux et des baquets en pâte de bois et en papier vernissé ; des bancs d'école et des pupitres ; des panneaux en bois pour lambris, etc.

ASIE

Chine. — La Chine avait exposé des cocons, des soies brutes et en écheveaux, des tapisseries, des bronzes, son argenterie de Canton, des échantillons de blé, de riz et d'avoine.

Indes anglaises. — Les Indes anglaises ont surtout envoyé des matières premières : du coton, des coquillages, des cornes, des écailles de tortues, des gommes, des noix de coco, de l'indigo, des écorces d'orange, des peaux de chèvre, du cuir, etc.

Indes néerlandaises. — Les Indes néerlandaises exposaient du riz, du sucre, des quinquinas et quinine (très belle installation), des cacaos nature et en poudre, de la stéarine et des bougies, du charbon de terre, de la gomme, du caoutchouc, du sel et quelques produits manufacturés par les indigènes, des meubles, des vases en bronze, des tissus en coton, de l'argenterie et de la soie en écheveaux.

AUSTRALIE

L'Australie n'avait envoyé que des laines brutes et des minerais de toutes sortes.

V. — Le commerce du Japon avec l'étranger

(EXPORTATION. — IMPORTATION)

En énumérant les articles exposés, j'ai donné des renseigne-

Place précédant l'entrée de l'Exposition du côté des bazars.

ments sur l'importance de chaque industrie et ai signalé par les statistiques les progrès accomplis ; mon but est de bien démontrer de quel côté tendent les efforts du Japon pour s'affranchir de l'étranger en créant des industries nouvelles ou en perfectionnant telles autres susceptibles de faire l'exportation.

Dans ce chapitre j'étudierai son commerce en prenant comme point de départ les années 1896 ou 1897, époque à laquelle, grâce à l'indemnité assez élevée que la guerre avec la Chine lui rapporta, le gouvernement japonais put encourager pratiquement l'industrie, le commerce, et l'agriculture qui est loin de produire suffisamment pour la nourriture du pays.

PRODUITS DE L'AGRICULTURE & LEURS DÉRIVÉS

J'ai exposé dans un chapitre précédent combien les autorités paraissent s'intéresser à l'agriculture ; toutes les statistiques prouvent, non seulement pour les produits de petite consommation que j'ai détaillés, mais pour les produits de grande consommation, qu'il y a eu un progrès constant dans la production.

Sucre. — La production du *sucre* brut qui doit être raffiné au pays est en progrès sensible ; l'importation du sucre brut de tout genre, de provenance de l'Extrême-Orient principalement, a été :

En 1897,	de	12504583	francs.
— 1898,	—	19067620	—
— 1899,	—	4599028	—
— 1900,	—	28619848	—
— 1901,	—	32191812	—
— 1902,	—	23084508	—

Le *sucre* raffiné venant de Hong-Kong, d'Allemagne principalement, de l'Autriche ensuite et de quelques autres pays, est compté :

Pour 1897,	de	39034632	francs.
— 1898,	—	34743876	—
— 1899,	—	23806387	—

Pour 1900, de 40557124 francs
— 1901, — 54890942 —
— 1902, — 14532846 —

Il est à remarquer que, quand l'importation des sucres raffinés était montée si haut en 1901 pour descendre au quart environ l'année suivante, l'entrée des sucres bruts a suivi à peu près la même décroissance. En me reportant au chiffre de la production (voir page 33), je constate qu'en 1899 et 1900 la production avait augmenté d'un tiers environ sur les années précédentes 1896 et 1897 ; cette production, mise sur le marché en 1902, a arrêté les progrès de l'importation.

La création de raffineries a certainement été cause de la diminution dans le chiffre d'importation des sucres raffinés.

Riz. — Quoique la production du *riz* ait augmenté de 30 % de 1896 à 1901, l'importation est très considérable ; elle a monté de 23457034 francs en 1900, à 30885291 francs en 1901, et 46152122 francs en 1902 ; mais, en compensation, l'exportation, qui était de 9299080 francs en 1900, est arrivée à 17963171 francs en 1901 et 17366814 francs en 1902.

Les riz importés dans ces trois dernières années sont entrés au prix moyen de 16^{fr},35 les 100 kilos, et ceux exportés au taux moyen de 23^{fr},30 les 100 kilos.

La différence dans ces prix, qui provient de la qualité supérieure du riz japonais, peut être un encouragement pour l'agriculteur.

Seigle. — Orge. — Froment. — Farine. — Les *seigles* ne font l'objet d'aucune transaction à l'extérieur ; l'*orge* non plus, mais sa production a augmenté et augmentera pour les besoins incessants des brasseries. Le *froment* s'importe peu ; la *farine* de provenance américaine a coûté en 1900 10094544 francs, mais ce chiffre a diminué de 2600000 francs en 1901 et de 1560000 francs en 1902.

Thé. — Le *thé* a très peu varié de 1897 à 1901 comme production et comme exportation. Par contre, pendant l'année 1902 dont on ne connaît pas la production, l'exportation a sensiblement augmenté.

Tableau des exportations du thé.

1896	1897	1898	1899	1900	1901	1902
Frs	Frs	Frs	Frs	Frs	Frs	Frs
15 609 997	21 995 878	20 479 220	21 580 730	22 609 465	21 950 076	27 059 726

Le plus fort client du Japon pour le thé est l'Amérique du Nord qui en a importé en 1901 pour 17 651 065 francs, et en 1902 23628966 francs.

Pois. — Fèves. — L'importation des *pois* et *fèves* se fait à peu près par moitié, de Chine et de Corée, pour un chiffre énorme : 15313004 francs en 1897, 22937489 francs en 1899 ; en 1901 ce chiffre est descendu à 13853153 francs, et en 1902 à 15045438 francs.

Alcool. — L'*alcool*, importé d'Allemagne surtout, en 1898 et 1899 se chiffrait à plusieurs millions de francs; aujourd'hui ce commerce est presque nul. La diminution de l'entrée des alcools est probablement due à la production ; les statistiques désignent sous le nom de « alcool » tous les produits alcooliques dérivés du riz comme le *sake;* l'augmentation énorme de cette production prouverait qu'il s'est monté des distilleries spéciales pour l'alcool industriel, ce qui a diminué d'autant l'importation.

La statistique de la production de l'alcool au Japon donnant le chiffre de production en mesure de capacité (*koku*), ce chiffre de production a été multiplié par le prix moyen de l'alcool dans les différentes places du Japon.

Production et Importation de l'alcool de 1897 à 1901

	1897	1898	1899	1900	1901
	Frs	Frs	Frs	Frs	Frs
Production au Japon.	96412539	114174997	110456725	156356686	138782105
Importation au Japon.	2520336	5561953	5358080	343333	441704

Ces deux statistiques démontrent bien que l'alcool produit appartient à la catégorie des boissons alcooliques telles que le sake, tandis que l'importation n'est que de l'alcool industriel plus ou moins rectifié. Les statistiques concernant les produits pharmaceutiques indiquent aussi de l'alcool, mais ce doit être certains alcools rectifiés destinés à la pharmacie.

Tabac. — De même l'importation du tabac était de plusieurs millions de francs en 1898 et 1899 : 11771916 francs, et 13224520 francs; en 1901 il n'y en avait que pour 78707 francs et 2487721 francs en 1902.

Rien dans les statistiques ne peut expliquer cette différence dans l'importation des tabacs ; la production du tabac a très peu varié dans ces dernières années. On ne peut prévoir que des mises en réserve pour la fabrication des cigarettes.

Cigarettes. — *Exportation.* — En effet, l'exportation des cigarettes, qui n'avait donné que 1860440 francs en 1900, s'est élevée à 4376629 francs en 1901, et 5710344 francs en 1902.

La fabrication des cigarettes au Japon a réduit l'importation, qui était de près de 2500000 francs en 1897, 4500000 francs en 1898, au chiffre de 260000 francs en 1900.

Œufs. — Lait condensé. — Beurres. — Fromages. — Margarine. — *Importation.* — Comme articles de consommation journalière importés, il faut citer les *œufs frais* de Chine et de

Corée pour 510003 francs en 1902, du lait condensé venant d'Europe pour 2246257 francs, principalement de la Grande-Bretagne, de la Suisse et des Etats-Unis.

L'importation du *beurre* augmentée de un cinquième en 1902 était de 364590 francs; principal fournisseur : l'Amérique pour 187000 francs, en second lieu la France avec 80000 francs; viennent ensuite l'Australie et l'Allemagne.

Les *fromages*, 78000 francs en 1902, viennent d'Amérique et de Hollande; la France n'en a fourni que pour 7800 francs en 1902, c'est-à-dire 10 %.

Les *margarines* viennent principalement d'Angleterre, d'Amérique et de Hollande pour un chiffre approximatif de 133000 francs.

Vins et Spiritueux. — *Importation.* — L'importation de chacune des trois dernières années s'est tenue, à quelques mille francs près, au chiffre de 1800000 francs dont 733000 francs de vins et 111000 francs de spiritueux pour la France.

Après la France viennent :

L'Espagne	avec	169000	francs	de vin et	39000	francs	de spiritueux	et bières
Les Etats-Unis	»	101000	»	»	49000	»	»	»
L'Allemagne	»	46800	»	»	60000	»	»	»
L'Angleterre	»	21300	»	»	13800	»	»	»
etc., etc.								

On ne saurait trop appeler l'attention de nos exportateurs sur le chiffre des vins expédiés par l'Amérique.

Les vins de Californie prennent de plus en plus au Japon. Les introducteurs de ces vins ont su se faire délivrer par l'autorité japonaise des certificats constatant la qualité des produits, ce que les représentants français avaient négligé de faire. Aujourd'hui ils se trouvent en butte avec la mauvaise volonté des chimistes qui prétendent apprécier les vins dans leurs laboratoires, sans compter que les Américains concurrents veillent à ce que leurs privilèges ne leur soient pas enlevés.

Les vins français arrivant en fûts au Japon sont quelquefois le résultat de coupages plus ou moins appréciables; il y a à craindre qu'à degré égal les vins d'Espagne qui sont présentés comme purs ne l'emportent sur ceux-ci.

Les vins de Californie, forts en couleur et épais, ne peuvent être aussi fins que les nôtres, mais le lancement bien fait au Japon remplace souvent la qualité du produit.

Les cognacs français introduits sont ordinaires, mais des eaux-de-vie venant d'Angleterre et d'Allemagne rivalisent trop facilement par le prix à défaut de la qualité, surtout qu'ils entrent à tort sous le nom de cognac.

L'Angleterre exporte du vin pour un certain chiffre, avec complaisance on peut croire qu'il y en a une partie sortie de France.

On ne saurait trop se révolter contre les abus commis par les étrangers en prenant les noms de : « *Bordeaux* », « *Champagne* », « *Cognac* » ; il est regrettable qu'une entente n'ait pas lieu entre les producteurs français pour réclamer auprès de qui de droit contre ces abus.

Bières. — Boissons alcooliques. — *Exportation.* — Les *bières*, comme les boissons alcooliques, sont devenues des articles d'exportation qui chiffrent. La bière a donné, en 1901, 2245368 francs et 1315163 francs en 1902, quand, en 1897, il n'en a été exporté que pour 148000 francs.

Les boissons alcooliques, 2071240 francs à l'exportation en 1901, sont en progression sensible sur les autres années.

Lin. — Chanvre. — Jute. — *Importation.* — L'importation du *lin*, du *chanvre* et du *jute* a plus que triplé depuis 1897, suivant en cela la fabrication des toiles et cordages nécessaires à la guerre et à la marine ; en 1897 l'importation était de 1702456 francs et, en 1902, 5264875 francs, venant des Philippines, de Chine et des colonies anglaises de l'Inde.

Tourteaux. — *Importation.* — La Chine et la Russie d'Asie ont envoyé au Japon pour 14879481 francs de tourteaux en 1902,

21084016 francs en 1901 ; le chiffre de moins en moins élevé les années précédentes n'était qu'à 8620526 francs en 1897.

Nattes. — Tresses de paille. — *Exportation.* — Une industrie d'une grande importance dérivant de l'agriculture est la fabrication des nattes.

L'exportation en a été : en 1900 de 8389384 francs, en 1901 de 13786086 francs, et en 1902 de 17469589 francs. Sont acheteurs, pour plus de 90 % de ces chiffres, les Etats-Unis, ensuite le Canada et un peu tous les pays. Les tresses de paille pour chapeaux ont été exportées pour le chiffre énorme de 10465413 francs en 1900, ce chiffre a sensiblement diminué en 1901, et encore un peu en 1902 pour arriver à 7641 028 francs.

Indigo. — *Importation.* — Malgré la grande production d'*indigo*, il en est tiré des Indes anglaises et des Indes néerlandaises pour une très grosse somme.

Voici les chiffres de ce trafic :

1897	1898	1899	1900	1901	1902
Frs 3998857	Frs 5904119	Frs 7549955	Frs 10146653	Frs 6929112	Frs 8054750

Oignons de lis. — *Exportation.* — Un article d'exportation pour tous les pays, qui donne un chiffre relativement élevé, ce sont les *oignons de lis;* depuis trois ans ce chiffre a varié de 585000 à 650000 francs.

Pomme de terre. — *Exportation.* — La *pomme de terre* fait déjà l'objet de quelques affaires avec la Chine, Hong-Kong et l'Indo-Chine.

PRODUITS DES FORÊTS

Les produits forestiers donnant lieu à un trafic avec l'extérieur sont peu nombreux ; voici les principaux :

Champignons. — *Exportation.* — Les *champignons* expédiés en Chine, principalement à Hong-Kong, et un peu aux Etats-Unis, ont donné un chiffre d'exportation de 1 584 838 francs, lequel s'est maintenu pendant quelques années et a monté en 1901 à 2 237 744 francs et en 1902 à 2 252 897 francs.

Palais impérial de Nagoya, qui a servi de modèle pour la construction du bazar de Nagoya à l'Exposition.

Camphre. — Le *camphre* donne lieu à des transactions sérieuses dans ces dernières années; de 3 427 559 francs en 1897, les affaires ont sensiblement progressé pour arriver au chiffre de 10 152 932 francs en 1901 et 8 852 563 francs en 1902. Il se fait un petit trafic des huiles de camphre.

Noix de galle. — La *noix de galle* de 796 630 francs en 1900 est descendue pour l'exportation à 151 926 francs en 1902.

Fourrures, plumes d'oiseaux. — Les *fourrures* ont rapporté au pays 872794 francs en 1897, en 1900 1923342 francs et, en 1902, 1342084 francs; c'est un commerce absolument variable. J'ai dit plus haut, au chapitre de l'éducation, qu'une école de naturalistes avait exposé; l'intention des Japonais est donc bien de faire concurrence à l'industrie parisienne, puisqu'ils étudient la préparation de la plume. Il m'a été cité que déjà ils avaient fait des essais d'exportation en France à des prix absolument dérisoires comparés aux nôtres.

Bambous. — Articles en bambou. — *Exportation.* — L'exportation du bois de *bambou* s'est élevée à 903887 francs en 1900, 1004598 francs en 1901 et 791141 en 1902.

Les articles fabriqués en *bambou*, tels que *corbeilles*, *stores* et *objets divers*, ont donné depuis trois ans une moyenne à l'exportation pour à peu près tous les pays de 1364285 francs.

Bois divers. — Les *bois* en grume et en planches, exportés en Chine et Corée principalement, ont donné un chiffre de 1320327 francs en 1900, 1640002 francs en 1901 et 1608505 francs en 1902.

Les *traverses de chemin de fer* expédiées dans ces deux pays se sont maintenues au chiffre d'environ 1300000 francs.

Tresses de copeaux. — La *tresse de copeaux de bois pour chapeaux* est devenue une véritable industrie, qui a grandi au point d'arriver de 359099 francs en 1897 à 1207411 francs en 1902. Les Etats-Unis et la Grande-Bretagne sont les principaux importateurs.

Le *copeau* non tressé a été exporté pour 983918 francs en 1902, quand il ne l'avait été que pour 66365 francs en 1900.

Les *articles divers en bois travaillé non définis*, exportés dans le monde entier, ont rapporté 699868 francs en 1902.

Produits divers des forêts. — *Importation.* — L'importation des produits forestiers au Japon n'a été que :

1° De la *pâte de bois* pour 949148 francs en 1902, après avoir atteint 1183335 francs en 1900;

2° Du bois de *teck*, venant du Siam, pour une somme de 993777 francs en 1902, en augmentation d'un tiers sur la somme des deux années précédentes;

3° Du *bois de santal* et *autres bois fins* importés de Chine et des Etats-Unis principalement, le chiffre de 1665965 francs en 1902 a baissé en 1901, pour arriver à 970166 francs en 1902.

4° L'*écorce de liège* et les *bouchons* sont importés principalement de l'Allemagne et de l'Angleterre, on peut se demander pourquoi ; en 1900 le chiffre d'affaires qui a été de 786588 francs a fortement diminué en 1901 et encore plus en 1902, pour arriver à 374189 francs ; c'est l'Allemagne qui a perdu le plus dans ces chiffres.

Pour les *produits forestiers*, l'exportation est à l'avantage du Japon.

PRODUITS DE LA MER

Poissons. — Coquillages, etc. — Dérivés. — *Exportation.* — Le *poisson desséché*, *morue* et *crevettes*, ainsi que les *coquillages* et les *ailerons de requins* font l'objet d'un commerce relativement important avec la Chine et Hong-Kong. Dans ces trois dernières années l'exportation s'est maintenue à une moyenne variant peu de 8043800 francs.

L'*algue marine* est expédiée dans les mêmes pays.

L'année 1901 a dépassé 3640000 francs tandis que l'année 1900 n'a produit que 2297685 francs, et l'année 1902, 2104666 francs.

L'exportation des *huiles de poisson* a fortement progressé depuis l'année 1896 dont le chiffre était de 873730 francs, en 1900 il était de 2357735 francs et en 1902 de 3906768 francs.

Les clients par importance du chiffre sont l'Allemagne, la

Belgique, Hong-Kong, la France, la Grande-Bretagne et l'Australie.

Le *sel*, exporté principalement en Russie d'Asie et ensuite en Corée, a produit 1 176 466 francs en 1900, 789 430 francs en 1901 et 906 427 francs en 1902. Avant 1900, l'exportation était pour ainsi dire nulle.

Saumons et truites salés. — *Importation.* — Il s'importe des conserves de saumons et truites salés pour un chiffre relativement important, surtout de la Russie d'Asie et ensuite des Etats-Unis et de la Grande-Bretagne; le chiffre a été en 1902 de 5 229 866 francs.

MINES ET MÉTALLURGIE

Charbon de terre. — *Exportation.* — En 1875, le Japon ne produisait guère que 400 000 tonnes; en 1885 le chiffre s'élevait à 1 100 000 tonnes avec une exportation presque nulle. En 1894, l'extraction s'éleva à 4 261 218 tonnes et l'exportation à 1 700 000 tonnes. Chaque année suivante l'extraction et l'exportation progressèrent sensiblement par suite des perfectionnements apportés à l'exploitation des gisements anciens et nouveaux, et ces perfectionnements compensèrent largement la valeur de la main-d'œuvre qui a bien augmenté d'un tiers depuis dix ans.

En 1900 l'extraction donna 7 429 457 tonnes, dont 2 402 700 furent exportées pour une somme de 35 620 000 francs.

Le chiffre de la production en 1902 n'est pas connu, mais son chiffre d'exportation a été de 2 938 000 tonnes pour 44 903 081 francs.

Un fait qu'il est bon de signaler : en 1900 les Indes anglaises ont importé pour 8 190 000 francs de houille et en 1901 pour 8 944 000 francs; pendant l'année 1902, cette importation ne fut que de 318 032 francs. Par contre, Hong-Kong qui n'en avait acheté que pour 12 402 000 francs en 1900 et la Chine pour 11 336 000 francs, en ont pris en 1902, l'une pour 13 637 000 francs et l'autre 18 512 000 francs.

La Grande-Bretagne a donc dû se garantir dans les Indes,

mais elle a perdu sur les marchés de Hong-Kong et de Chine et sur le marché du Straits settlement qui en a reçu en 1902 pour la première fois, d'après la statistique, pour 7 072 000 francs.

Les plus forts importateurs après les chiffres ci-dessus sont les Indes Hollandaises pour 1 048 190 francs en 1902, la Corée 3 640 000 francs, les Etats-Unis 494 000 francs, les Philippines 2 132 000 francs, l'Indo-Chine 267 800 francs.

Tous ces chiffres sont en augmentation d'un bon tiers sur ceux de 1900.

Importation. — Il est signalé une importation de charbon, surtout de la Grande-Bretagne, pour un chiffre total en 1900 de 5 460 138 francs, en 1901, 6 609 546 francs et 3 375 772 francs en 1902 ; il est à présumer que cette importation doit être de charbons spéciaux, ou la conséquence d'un marché à longue échéance.

Je dirai de même du coke dont l'entrée a diminué de 818 194 francs en 1900 à 267 974 francs en 1902.

Minerais divers. — Soufre. — Cuivre. — Articles en fer. — *Exportation.* — *Manganèse.* — Le manganèse a donné lieu à quelque exportation ; son chiffre est descendu de 583 429 francs en 1900 à 136 601 francs en 1902.

Antimoine. — Par contre, l'antimoine a donné à l'exportation pour 280 038 francs en 1900 et 706 191 en 1902 ; principaux acheteurs : l'Amérique et Hong-Kong.

Soufre. — Le soufre s'exporte principalement aux Etats-Unis et en Australie ; le chiffre total d'exportation a été de 1 815 536 francs en 1900 et 1 973 616 francs en 1902.

Minerais de fer. — Il ne se fait aucune exportation de minerais de fer ; certaines compagnies avaient bien pris des engagements pour des fournitures importantes à la Chine, mais leur mode d'exploitation peu pratique ne leur a pas permis d'exécuter leur marché qu'elles cherchent, dit-on, à résilier.

Cuivre. — Le Japon tire un grand profit de ses mines de cuivre, dont il expédie les produits bruts ou raffinés dans le monde entier ; cette exportation a grandi de 14244365 francs en 1896 à 29596730 francs en 1899, 33087431 francs en 1900 et 36151976 fr. en 1901 ; en 1902, le chiffre a baissé à 26681158 francs.

Les principaux acheteurs sont Hong-Kong, la Grande-Bretagne, l'Allemagne, la Chine, les Etats-Unis, la Corée et la France. Les Straits settlements anglais ont commencé l'importation en 1902 pour le chiffre de 7302950 francs.

La différence dans l'exportation de 1902 avec les années précédentes provient d'une baisse énorme dans le chiffre d'importation de Hong-Kong qui n'en a reçu que pour 7889713 francs, c'est-à-dire environ deux tiers de moins que les deux années précédentes. La Chine, la Corée et Hong-Kong ont importé, dans les trois dernières années, des cuivres en feuilles pour un chiffre moyen d'environ 455000 francs.

Objets divers en bronze, or et *argent.* — L'exportation, un peu dans tous les pays et surtout aux Etats-Unis, des articles dits japonais en bronze, en or et en argent, a augmenté dans ces dernières années ; de 696800 francs environ en 1900, le chiffre a monté à 1325084 francs en 1902.

Articles en fer. — Les articles manufacturés en fer sont principalement envoyés en Corée, en Chine et en Russie d'Asie ; il en est sorti du Japon pour 643599 francs en 1900, 958071 francs en 1901 et 1136967 francs en 1902 ; chaque année a donc progressé.

Lampes. — Le Japon commence à faire une forte concurrence à l'Autriche pour les lampes ; de 733782 francs en 1900, il en est arrivé à un chiffre d'exportation de 1059065 francs en 1901 et 1271319 en 1902.

Métaux divers. — *Importation.* — Plutôt que de détailler chaque article en métal, importé de l'étranger, je crois préférable de donner les statistiques des trois dernières années ; il sera plus facile de voir au premier coup d'œil la part qui est faite à la France dans cet ensemble important d'affaires.

Importations de métaux et articles en métal de 1900 à 1902.

	Contrées exportant au Japon	1900	1901	1902
		Frs	Frs	Frs
Fer en saumons	Belgique	30 122	137 844	151 960
	Chine	128 077	185 908	184 774
	France	1 205	15 068	3 995
	Allemagne	457 376	833 091	856 781
	Grande-Bretagne	1 919 610	5 962 952	1 305 370
	Suisse	17 656	—	—
	Etats-Unis d'Amérique	—	7 670	575
	Autres contrées	—	77	113
	Total	2 554 046	4 142 910	2 503 568
Fer en barres et tringles	Autriche-Hongrie	—	411	133 023
	Belgique	4 124 865	3 611 687	6 496 889
	France	19 904	74 678	645
	Allemagne	3 260 689	3 374 074	1 970 849
	Grande-Bretagne	1 749 553	1 731 732	4 821 656
	Hollande	—	55 781	—
	Suède et Norvège	55 707	55 952	65 793
	Suisse	21 315	—	—
	Etats-Unis d'Amérique	17 693	226 195	142 439
	Autres contrées	—	56	1 565
	Total	9 149 726	9 130 566	13 632 859
Rails	Belgique	556 257	140 751	322 330
	France	25 400	—	—
	Allemagne	150 351	531 861	1 461 811
	Grande-Bretagne	3 557 876	921 866	2 354 984
	Hollande	—	3 780	—
	Etats-Unis d'Amérique	18 014	2 594 348	8 219 640
	Autres contrées	15 121	—	—
	Total	4 323 019	4 192 606	12 358 765

	Contrées exportant au Japon	1900	1901	1902
		Frs	Frs	Frs
Accessoires de rails	Belgique	98 626	18 031	38 888
	Allemagne	311 870	15 028	67 127
	Grande-Bretagne	483 550	239 051	435 153
	Etats-Unis d'Amérique	100 189	597 610	1 285 918
	Autres contrées	1 667	141	4 223
	Total	995 907	869 861	1 831 309
Tôles et plaques de fer	Belgique	1 793 100	1 180 381	2 321 243
	France	143 208	14 513	5 840
	Allemagne	1 036 204	856 360	285 951
	Grande-Bretagne	8 343 972	6 017 060	13 449 003
	Suède et Norvège	—	—	14 310
	Etats-Unis d'Amérique	122 582	494 263	161 034
	Autres contrées	283	12	813
	Total	11 439 349	8 562 589	16 238 194
Tubes et tuyaux en fer	Belgique	250 662	664 013	1 074 775
	Canada	—	16 636	—
	France	13 181	—	—
	Allemagne	44 668	6 800	105 737
	Grande-Bretagne	1 593 114	2 070 589	3 023 838
	Etats-Unis d'Amérique	884 146	1 369 851	3 479 696
	Autres contrées	5 683	10 479	2 116
	Total	2 791 457	4 138 368	7 686 162
Clous en fer	Belgique	78 629	45 401	30 468
	Allemagne	2 530 294	1 719 755	1 621 134
	Grande-Bretagne	51 841	35 881	314 884
	Etats-Unis d'Amérique	1 104 756	1 738 075	3 698 904
	Autres contrées	7 402	9 026	5 375
	Total	3 772 922	3 548 138	8 670 765
Autres art. en fer manufact.	Belgique	347 361	302 382	331 529
	France	12 297	70	243
	Allemagne	221 286	304 425	67 574
	Grande-Bretagne	1 536 652	1 363 965	2 570 455
	Etats-Unis d'Amérique	305 788	813 322	218 989
	Autres contrées	—	—	78
	Total	2 423 384	2 784 164	3 188 868

	Contrées exportant au Japon	1900	1901	1902
		Fr	Frs	Frs
Fer bl. en feuil.	Belgique	45 183	—	54 964
	Allemagne	8 129	40 705	10 543
	Grande-Bretagne	2 012 055	2 258 427	2 097 913
	Autres contrées	7 065	74	166
	Total	2 072 432	2 299 206	2 163 586
Fil de fer	Autriche-Hongrie	71 595	61 720	171 441
	Belgique	206 158	110 262	258 060
	Allemagne	350 280	336 328	671 829
	Grande-Bretagne	96 511	342 193	1 631 041
	Etats-Unis d'Amérique	20	11 444	148 486
	Autres contrées	1 875	3 206	2 048
	Total	726 439	865 153	2 882 905
Fil pour télégraphe	Autriche-Hongrie	—	260	23 193
	Belgique	265 988	310 556	250 646
	France	—	7 138	450 561
	Allemagne	1 701 037	1 300 535	844 710
	Grande-Bretagne	29 264	23 326	148 423
	Etats-Unis d'Amérique	82 888	135 695	1 130 961
	Autres contrées	780	—	—
	Total	2 079 957	1 777 510	2 848 494
Mat. de ponts et const.	Belgique	26 607	98 346	10 745
	Allemagne	128 770	444 748	805 743
	Grande-Bretagne	255 866	2 013 675	1 065 303
	Etats-Unis d'Amérique	477 426	1 294 230	3 007 024
	Total	888 669	3 850 999	4 888 815
Acier (autre que acier doux) :	Autriche-Hongrie	20 012	9 547	5 601
	Belgique	97 839	34 227	6 490
	France	127 946	49 027	20 006
	Allemagne	284 254	176 300	326 213
	Grande-Bretagne	883 075	1 075 703	2 363 476
	Suède et Norvège	289 327	275 794	261 403
	Etats-Unis d'Amérique	9 987	195 976	16 746
	Autres contrées	4 085	—	—
	Total	1 716 525	1 806 574	2 999 935

Contrées exportant au Japon		1900	1901	1902
		Frs	Frs	Frs
Plomb (saumons et plaques)	Australie	744 024	816 543	1 902 890
	Indes anglaises	—	6 829	3 571
	Straits Settlements anglais	7 152	—	—
	Grande-Bretagne	19 556	—	14 465
	Etats-Unis d'Amérique	553 607	1 451 122	475 339
	Autres contrées	3 513	3 700	14 330
	Total	1 327 852	2 278 194	2 410 595
Etain (saumons et plaques)	Autriche	11 890	—	—
	Indes anglaises	39 541	1 337 357	1 185 400
	Straits Settlements anglais	1 189 926	—	—
	Chine	16 648	3 143	34 273
	Grande-Bretagne	16 793	34 148	10 397
	Autres contrées	27 825	3 983	—
	Total	1 302 623	1 378 631	1 230 070
Zinc (saumons et plaques)	Belgique	55 739	45 263	153 673
	Indes anglaises	663	38 004	42 224
	Straits Settlements anglais	35 022	—	—
	Chine	668	865	24 341
	Indes françaises	39 039	7 038	7 233
	Allemagne	430 391	429 179	1 431 084
	Grande-Bretagne	78 497	53 316	122 580
	Etats-Unis d'Amérique	19 102	25 787	—
	Autres contrées	3 882	—	2 675
	Total	663 003	599 452	1 783 810
Zinc en feuilles	Belgique	588 840	371 514	247 788
	France	12 730	—	6 105
	Allemagne	1 212 315	696 350	844 389
	Grande-Bretagne	218 969	256 849	453 419
	Total	2 032 854	1 324 713	1 551 701

Il est malheureusement facile de voir que la France est au dernier rang pour la fourniture au commerce du Japon, de fer, d'acier, d'étain et de zinc et de produits manufacturés en métal.

INDUSTRIE CHIMIQUE

Parfumerie et accessoires de toilette. — *Exportation.* — L'industrie des parfums ne produit pas suffisamment pour donner un chiffre marquant à l'exportation, qui est insignifiante.

La *Savonnerie* commence cependant à expédier les savons de toilette sur la côte Est de l'Asie, en 1900 le chiffre d'exportation a été de 356 967 francs, en 1901, 550 812 francs et en 1902, 447 590 francs.

Importation. — La France à elle seule a expédié au Japon, en 1902, à peu près le tiers en plus de ce que les autres pays réunis peuvent envoyer de *parfumerie* et de *savons de toilette*, environ 390 000 francs. Les *savons à laver et à dégraisser* employés dans l'industrie n'ont de concurrents réels que dans les savons japonais. La Belgique, l'Angleterre, l'Allemagne, l'Autriche et les Etats-Unis en expédient à peine pour 65 000 francs, tandis que le chiffre de la France est de 189 704 francs.

Brosses à dents. — Brosses diverses. — *Exportation.* — Il ne faut plus compter sur l'importation au Japon des brosses à dents et des brosses diverses. Ce pays devient au contraire, pour l'Europe et la France en particulier, un terrible concurrent non seulement dans l'Extrême-Orient mais dans le monde entier. On peut juger par le relevé ci-dessous :

Exportation

BROSSES A DENTS	1900	1901	1902
	Frs	Frs	Frs
Australie	14 669	13 762	18 332
Canada	15 218	12 500	42 216
Indes anglaises	10 409	17 801	13 394
Straits Settlements anglais	—	—	20 873
Chine	8 808	30 273	48 859
Grande-Bretagne	6 879	7 967	75 833
Hong-Kong	17 658	5 950	6 521
Etats-Unis	550 389	633 165	1 001 134
Autres contrées	9 496	12 177	13 435
Total	633 526	733 595	1 240 597

BROSSES DIVERSES	1900	1901	1902
	Frs	Frs	Frs
Australie	12 385	24 248	17 613
Canada	7 903	6 030	11 641
Chine	16 915	27 677	34 297
Hong-Kong	3 897	1 158	5 507
Iles Philippines	1 021	5 236	6 072
Russie d'Asie	48 735	3 463	6 545
Etats-Unis	271 071	379 797	275 675
Autres contrées	5 018	7 150	30 501
Total	366 945	454 759	387 851

On remarquera que, dans ces trois dernières années, le chiffre d'exportation des brosses à dents a presque doublé ; il est certain que le dernier chiffre augmentera par suite de la création au Japon, avec les derniers perfectionnements, d'une fabrique franco-japonaise avec une direction française, ainsi que je l'ai signalé plus haut.

Celluloïd. — Caoutchouc. — Cuirs. — *Importation et Exportation.* — Pendant longtemps encore ces trois produits seront tirés de l'étranger, quoiqu'il y ait au Japon quelques fabriques de celluloïd et de caoutchouc, comme je l'ai déjà dit; quant aux cuirs, il en a bien été exporté dans ces dernières années pour environ 468 000 francs, mais ces cuirs spéciaux que je ne connais pas ne présenteront jamais un commerce suivi en raison de leur qualité inférieure.

Par contre, l'importation de cuir augmentera au fur et à mesure que les indigènes s'habitueront à la chaussure européenne.

Dans ces trois industries, la France fait encore bien mauvaise figure, comme l'indique le tableau suivant :

Importation au Japon du celluloïd, du caoutchouc manufacturé et des cuirs

CELLULOID	1900	1901	1902
	Frs	Frs	Frs
France	11819	7045	8589
Allemagne	476042	460264	425039
Grande-Bretagne	541838	421220	178782
Etats-Unis	116191	108615	100570
Autres contrées	3440	—	4456
Total	1149330	997144	717436

On remarque que la fabrication japonaise a fortement fait diminuer l'importation et la France a un bien faible rang.

CAOUTCHOUC MANUFACTURÉ	1900	1901	1902
	Frs	Frs	Frs
Autriche-Hongrie	20328	4991	7125
France	88891	43079	55096
Allemagne	447861	151961	261777
Grande-Bretagne	197558	156763	108256
Etats-Unis	37580	26996	67346
Autres contrées	5191	584	259
Belgique	68026	39112	82389
Total	865435	423486	582248

La fabrication nouvelle au Japon a certainement influencé le commerce d'importation des caoutchoucs manufacturés.

CUIRS POUR SEMELLES	1900	1901	1902
	Frs	Frs	Frs
Australie	196977	225775	227699
Canada	7787	—	—
Indes anglaises	257805	771	933
France	6374	—	—
Indes françaises	11507	—	—
Allemagne	—	104755	159
Angleterre	42403	3475	10205
Etats-Unis	2035442	1201004	1142621
Autres contrées	2177	73	—
Total	2560472	1535853	1381617

AUTRES CUIRS	1900	1901	1902
	Frs	Frs	Frs
Belgique	8 226	—	750
Indes anglaises	1 435 870	1 262 861	224 381
Straits Settlements anglais	—	—	941 486
Chine	27 125	16 309	38 637
France	43 910	28 166	35 478
Indes françaises	44 451	10 009	3 231
Allemagne	342 240	152 610	206 213
Grande-Bretagne	437 204	288 473	356 916
Hong-Kong	35 216	1 788	—
Etats-Unis	483 225	206 649	304 869
Autres pays	5 607	745	4 276
Total	2 863 074	1 967 610	2 116 237

L'importation des cuirs a également diminué dans ces dernières années, doit-on l'attribuer à la création de tanneries? c'est probable si on juge par les produits qui ont été présentés à l'Exposition; d'ailleurs, l'Etat ne se sert plus que des cuirs indigènes. La France a toujours un des derniers rangs.

Papier. — *Exportation.* — L'exportation du *papier* dit *papier japonais* s'est élevée de 981 073 francs en 1900 à 1 144 083 francs en 1902, un peu dans tous les pays, en Amérique surtout; il se fait un commerce assez important de *serviettes en papier* : de 364067 francs en 1900, le chiffre est monté à 489 575 francs en 1902.

Le papier genre européen est surtout expédié en Chine et en Corée; en 1902, le trafic s'est élevé à 626 454 francs.

Les objets en papier représentent à l'exportation un chiffre assez important; en 1902, il a été de 802 797 francs.

J'ai signalé précédemment qu'il se faisait en Chine un peu d'exportation de papier peint.

Importation. — Le *papier glacé* s'est importé pour 929 781 francs en 1902, principalement d'Allemagne et d'Autriche-Hongrie. La France n'est pour ainsi dire pas cotée.

Le *papier à écrire, imitation japonais*, vient d'Allemagne et d'Autriche-Hongrie; le chiffre de 514 896 francs est en diminution sensible sur celui des années précédentes.

Le *papier simili-japonais* vient surtout d'Autriche pour

Bazar de Tokio dans l'Exposition.

524 066 francs et de Belgique et d'Allemagne pour 153 400 francs environ chaque en 1902.

La somme totale d'importation de ce papier simili s'est élevée en 1902 à 830 866 francs, quand il n'était que de 247 091 francs en 1900 et 114 226 francs en 1901. C'est assez curieux de voir le papier japonais venir de l'étranger pour un si gros chiffre.

Par contre, le *papier d'emballage* a baissé à l'importation de 1 391 309 francs en 1900 à 223 363 francs en 1902.

Le *papier pour impression* a baissé également de 5 295 794 francs en 1900 à 2 246 507 francs en 1901 et 3 647 439 francs en 1902.

Malgré cette diminution, le Japon a encore grand besoin du papier étranger. — Comme toujours, la France ne figure aux statistiques que pour des petites sommes insignifiantes, excepté pour le *papier à cigarettes* pour lequel la France marche en tête avec 596 208 francs. L'Autriche suit avec 308 860 francs et l'Allemagne avec 100 000 francs environ.

Couleurs. — Vernis. — Produits chimiques. — Teintures. — Indigo. — Produits pharmaceutiques. — *Exportation.* — L'exportation de couleurs, vernis, teintures, indigo est nulle ; quelques produits chimiques, comme le soufre, l'acide sulfurique, représentent un chiffre de 2 600 000 francs environ.

Les produits pharmaceutiques et plantes médicinales représentent un chiffre de 13 000 000 de francs en 1902. Le camphre y entre pour 8 847 363 francs. Le menthol, dont la fabrication était autrefois réservée à la Chine, représente 1 205 667 francs dépassant de près de 780 000 francs le chiffre de 1900. La noix de galle, la gentiane, le ginseng, l'huile de menthe, l'anis étoilé (badiane), qui concurrence l'Indo-Chine, l'iodure de potassium, etc. ; tout cet ensemble représente, en 1902, une somme de 15 991 945 francs.

Importation. — Les *produits chimiques* et *pharmaceutiques* réunis en 50 articles ont représenté, en 1900, 18 026 375 francs, en 1901, 14 370 317 francs et, en 1902, 18 676 013 francs ;

Les *encres, teintures, couleurs* et *peintures*, 19 036 566 francs en 1900, 13 932 373 francs en 1901 et 17 374 120 francs en 1902. Quelle est la part de la France dans ces sommes ?

Pour les *phosphores amorphes*, 123 859 francs à la France en 1902 sur 311 363 francs à l'Allemagne et 333 960 francs à l'Angleterre.

Pour les *chlorates de potasse*, 578 627 francs à la France en 1902, 190 078 à l'Allemagne et 1 258 936 francs à l'Angleterre.

Pour l'*aniline*, 78 978 francs à la France en 1902, 3 782 535 francs à l'Allemagne, 313 890 francs à la Suisse et 49 338 francs à la Belgique.

Pour l'*extrait de campêche*, 746 130 francs en 1902 à la France, 161 936 francs à l'Allemagne et quelque peu à l'Angleterre.

Ajoutons à cela environ 423 800 francs de *produits pharmaceutiques et chimiques divers*, et nous aurons le chiffre total pour la

Magasin de porcelaines à Yokohama.

France, soit de 1 951 393 francs sur 18 026 375 francs, chiffre total d'importation.

En dehors de l'*indigo* dont j'ai parlé plus haut, des *soudes caustiques* et des *cendres de soude* qui sortent d'Angleterre, l'Allemagne a pour la fourniture du reste des produits chimiques la plus grosse part.

Eaux gazeuses. — *Exportation.* — Je dois signaler que les eaux gazeuses que le Japon exporte depuis quelques années en Extrême-Orient font déjà beaucoup de tort à nos eaux minérales;

de 297003 francs en 1900, le chiffre est arrivé en 1902 à 858403 francs.

Principaux acheteurs : la Chine, les îles Philippines, la Russie d'Asie, Hong-Kong, Shangaï et la Corée.

Allumettes. — *Exportation.* — Le Japon exporte les allumettes de sa fabrication dans tout l'Extrême-Orient pour un chiffre relativement élevé : en 1900, 14978256 francs, un quart en plus en 1901, et en 1902, 21241909 francs.

Porcelaines. — Faïences. — Cloisonnés. — Laques. — Ivoire. — *Exportation.* — Les articles ci-dessus mentionnés étant bien spéciaux au Japon, sans point de comparaison avec des articles similaires susceptibles d'être importés, je ne les mentionne qu'à titre de renseignements.

DÉSIGNATION	1900	1901	1902
	Frs	Frs	Frs
Porcelaines et faïences	6426950	6478334	6400014
Cloisonnés	490290	651859	477196
Laques	2772611	2586098	2311605
Ivoires	273892	471351	556104

Les plus forts clients pour les porcelaines et faïences sont les Etats-Unis, la Grande-Bretagne, Hong-Kong, la Chine, la Corée, Shangaï, l'Autriche et le Canada ; la France vient ensuite.

Pour les laques : la Grande-Bretagne, la Chine, l'Australie, l'Allemagne et la France.

Pour les ivoires : la Grande-Bretagne, les Etats-Unis et la France.

Importation. — Quoique l'importation des porcelaines soit presque nulle, je dois signaler cependant que tous les services que l'on voit dans les hôtels du Japon sont d'origine anglaise ; l'Angleterre en a expédié pour 78000 francs et la France environ 10000 francs dans chacune des trois dernières années.

Verres à vitres. — Glaces. — *Exportation.* — J'ai déjà parlé, dans le chapitre traitant de la construction des palais, de la quantité de verres à vitres importés; des morceaux de verres à vitres, car il y a toujours de la casse, les Japonais savent tirer le plus grand profit, en les étamant ou argentant; ces petits miroirs sont réexpédiés ensuite en Chine, à Hong-Kong et Shangaï.

La Chine en a reçu pour 170 573 francs en 1900, 343 096 francs en 1901 et 754 247 francs en 1902; cette exportation croissante fait le plus grand tort à notre fabrication parisienne bon marché.

Le Japon a donc enlevé à l'Europe et principalement à Paris, par cette industrie relativement récente :

en 1900 : 598770 francs;
1901 : 645414 »
1902 : 1039033 »

Les *verres de toutes sortes, verres de lampes, gobeletterie*, fabriqués au Japon, ont rapporté au pays un chiffre de :

en 1900 : 645661 francs;
1901 : 1026831 »
1902 : 1143220 »

La Chine en a acheté elle seule pour 578 042 francs en 1902 quand elle n'en avait pris que pour 97 549 francs en 1900.

Importation. — La *glace* épaisse de 6 à 9 millimètres n'est pour ainsi dire pas importée, tandis que les *verres à vitres* de toutes sortes donnent un chiffre important dans lequel la France ne participe pas.

VERRES A VITRES	1900	1901	1902
	Frs	Frs	Frs
Belgique	2266697	2679410	3500796
Allemagne	62755	34447	486884
Grande-Bretagne	147502	89616	118307
Etats-Unis	—	13257	3687
Autres contrées	635	3834	1108
Total	2477589	2820564	4110782

INDUSTRIE TEXTILE.

Soie. — *Exportation.* — L'industrie de la soie est la première industrie du Japon. Elle est assez connue pour que je ne m'étende pas sur son commerce à l'extérieur, lequel d'ailleurs a sensiblement augmenté depuis trois ans.

L'exportation totale de *soie grège*, *tissus de soie divers*, a été :

En 1900 : 188059204 francs.
— 1901 : 283756561 —
— 1902 : 296280670 —

La France en a acheté :

En 1900 pour 46212699 francs.
— 1901 — 67060960 —
— 1902 — 66164158 —

C'est un beau chiffre, les Japonais ne nous donnent guère de compensation.

Lin. — Chanvre. — Ramie. — *Importation.* — Ces marchandises sont entrées au Japon venant de Chine, des Philippines, des Indes anglaises pour une somme de :

En 1900 : 4421063 francs.
— 1901 : 3562473 —
— 1902 : 4167275 —

Il ne ressort de fabrication obtenue avec ces matières premières que pour 390000 francs environ, comme moyenne des trois dernières années.

Coton brut et filés. — *Importation.* — Il est entré au Japon :

COTON DESTINÉ A ÊTRE TRAVAILLÉ	1900	1901	1902
	Frs	Frs	Frs
Coton brut égrené...........	152 100 003	155 478 177	204 827 628
Coton non égrené............	2 526 230	2 212 759	2 612 774
Coton filé..................	18 311 920	12 671 716	4 544 475
Total du coton destiné à être travaillé.	172 938 153	170 362 652	211 984 877

Les plus forts vendeurs de coton égrené au Japon sont :

COTON ÉGRENÉ	1900	1901	1902
Les Indes anglaises..........	46 009 938	98 622 040	103 726 204
Les États-Unis..............	70 226 348	33 765 545	50 637 122
La Chine....................	31 074 768	16 897 431	42 611 343
L'Egypte....................	6 276 442	4 897 196	6 276 429
L'Indo-Chine................	941 858	1 248 055	1 420 689

La colonie française, c'est-à-dire le Cambodge, exportant par Saïgon, qui produit les cotons les plus appréciés, n'en fournit qu'un chiffre ne méritant d'être cité que pour la forme.

Les *cotons en graine* viennent :

De Chine,	pour :	en 1902,	1619826	francs.
De l'Indo-Chine,	—	—	465033	—
Des Indes anglaises,	—	—	213278	—
De la Corée,	—	—	174889	—

et le reste d'autres pays pour des sommes insignifiantes.

Les *filés de coton* viennent d'Angleterre : 4529782 francs sur 4544475 francs importés en 1902.

La création de nouvelles filatures, de 1896 à 1899, a fait baisser à ce dernier chiffre l'importation des filés de coton qui avait été en 1900 de 18311920 francs et, en 1897, 25025671 francs.

Il est facile de voir par ces chiffres le coup qui a été porté à l'Angleterre en quelques années; non seulement son commerce de filés avec le Japon a baissé des deux tiers, mais il a une forte tendance à diminuer dans tous les pays d'Extrême-Orient.

Coton. — Tissus de coton. — *Exportation.* — L'extension de l'industrie des cotons a permis au Japon d'enlever à l'Angleterre une partie de sa clientèle de l'Extrême-Orient, surtout en filés.

En 1897, l'exportation en Chine, à Hong-Kong, n'était que de 35074512 francs ; elle atteint, en 1899, le chiffre de 74155739 francs et redescend ensuite en 1901 à 55810490 francs, et en 1902 à 51743957 francs.

Il est difficile de prévoir d'autre cause de cette diminution subite dans le commerce avec la Chine, que la concurrence que l'Angleterre a dû chercher à faire au Japon. C'est peut-être cette raison qui a encouragé ensuite les Japonais à aller créer, m'a-t-on dit, une filature au Sé-Tchouan, au centre d'une des provinces lès plus populeuses de la Chine.

L'expédition des tissus de coton dans les différents pays d'Extrême-Orient est beaucoup moins importante que celle des filés, cependant certains chiffres ont plus que doublé de 1897 à 1900 pour redescendre sensiblement ensuite.

Voici la statistique du coton exporté :

COTON EXPORTÉ	1900	1901	1902
	Frs	Frs	Frs
Toile de coton blanchie.......	4 624 181	3 529 726	2 807 761
Toile de coton écru..........	4 561 469	3 503 770	3 959 956
Tissus de coton pour vêtements.	1 242 574	2 142 140	2 949 716
Tissus de coton divers.......	2 888 020	3 693 113	4 420 731
Couvertures de coton........	611 624	690 960	586 017
Flanelles de coton...........	1 565 307	1 332 365	1 426 846
Filés.....................	53 532 081	55 810 487	51 743 957
Serviettes..................	926 437	1 325 441	1 784 203
Cotons bruts ou en ouate.....	842 189	803 161	734 942
Total général........	70 793 882	72 831 163	70 414 129

Tapis de coton. — Les tapis de coton, dont le principal acheteur est l'Angleterre, puis les Etats-Unis et Hong-Kong, ont donné à l'exportation 2253137 francs en 1900, 1840202 francs en 1901, et 1698658 francs en 1902. En remontant aux statistiques précédentes, je constate qu'il y a diminution réelle dans l'exportation.

Importation. — Quoique exportant des produits manufacturés de coton, le Japon est loin de pouvoir se suffire. Sa production commune ne satisfait pas le pays, et il importe d'Europe des tissus plus riches.

Je ne donnerai que les totaux de quelques spécialités, voyant avec peine que la France n'est pour rien encore dans ce trafic.

Importation de fil de coton :

En 1900 : 865881 francs.
— 1901 : 895760 —
— 1902 : 935264 —

La France entre dans le chiffre de 1900 pour 1524 francs.

Importation de flanelle de coton :

En 1900 : 3940061 francs.
— 1901 : 610147 —
— 1902 : 1832512 —

La France figure en 1900 pour 35409 francs. L'Allemagne en fournit les deux tiers et la Hollande presque un tiers.

Importation de cotons imprimés :

En 1900 : 5207103 francs.
— 1901 : 1769214 —
— 1902 : 6765283 —

La France en a pour 39780 francs en 1900. L'Angleterre en fournit les cinq sixièmes et ensuite la Suisse, un peu la Hollande et la Russie.

Importation de satin de coton :

En 1900 : 9522856 francs.
— 1901 : 4379692 —
— 1902 : 4650191 —

La France en a expédié pour 1856 francs en 1900. La Grande-Bretagne fournit pour ainsi dire tout.

Importation de toile de coton écru :

En 1900 : 14450810 francs.
— 1901 : 7778293 —
— 1902 : 13183690 —

Importation de toile de coton blanchi :

En 1900 : 3445367 francs.
— 1901 : 1496932 —
— 1902 : 3098618 —

Importation de toile de coton croisé :

En 1900 : 881473 francs.
— 1901 : 129636 —
— 1902 : 329217 —

Ces trois articles viennent d'Angleterre, moins 104000 francs en 1902.

Importation de velours de coton :

En 1900 : 2247692 francs.
— 1901 : 1179178 —
— 1902 : 3200798 —

80 °/₀ sortent d'Angleterre et le reste d'Allemagne, et un peu de l'Autriche.

Importation de peluche, velvetine de soie et coton :

En 1900 : 2560828 francs.
— 1901 : 986445 —
— 1902 : 1641206 —

venant également d'Angleterre.

L'*andrinople* est également fourni par l'Angleterre : 759390 francs en 1902, sur 787478 francs importé ; le reste est pris en Suisse.

Laine et tissus de laine. — *Importation.* — En 1897, il n'entrait de laine brute que pour la fabrication de gros draps militaires, encore que cette industrie était toute récente, et à peu près autant de laines filées, environ 3120000 francs.

A partir de cette date, l'importation a constamment augmenté par suite de la création d'une première fabrique de mousseline et d'une seconde l'année dernière.

Depuis 1897, l'Allemagne a été le principal fournisseur du Japon de près de la moitié, l'Australie ensuite, la Belgique, la Chine, l'Angleterre et en sixième rang la France.

L'importation totale a été :

En 1900 : 10190474 francs.
— 1901 : 8132176 —
— 1902 : 8833656 —

Les fabricants français, qui ont été longtemps les principaux fournisseurs de mousseline de laine et ont vu leurs affaires descendre de plus de moitié en deux ans, devraient prendre leur parti du fait accompli et ne pas hésiter à offrir les laines peignées nécessaires à la fabrication de la mousseline.

Les Anglais ont eu à supporter les mêmes échecs pour le coton ; ils n'ont pas hésité alors, ne pouvant plus introduire les filés, à offrir les machines dont les Japonais avaient besoin.

Voici la statistique d'importation des *mousselines :*

DÉSIGNATION	1900	1901	1902
	Frs	Frs	Frs
Belgique	103641	44942	—
France	12341527	3212781	4963228
Allemagne	2652170	2881029	2430720
Grande-Bretagne	78	52342	9761
Italie	27952	—	—
Suisse	4023584	2490621	2358864
Autres pays	25	—	—
Total	19148977	8681715	9762573

La descente rapide de 1900 à 1902 ne provient pas seulement de la création de fabriques de mousseline; il paraîtrait qu'en 1900, les acheteurs japonais, après entente, ont importé, dans un but qu'il est facile à comprendre, plus de mousseline qu'il n'en fallait pour la consommation, et après l'entrée, ils refusèrent de prendre livraison, sous un prétexte quelconque, à moins d'une réduction sensible sur les prix. Ce procédé est malheureusement assez fréquent au Japon.

Les *fils de laine*, les *flanelles de laine*, viennent pour les trois quarts d'Allemagne.

Les *flanelles mélangées coton*, les *satins*, les *serges*, sont importés dans les mêmes proportions d'Angleterre.

Les *draps de laine* sortent d'Angleterre pour un peu plus de la moitié, de l'Allemagne pour un tiers, un peu de Belgique et de France, pour une moyenne de 52000 francs pour chacune des trois dernières années.

Les *draps mélangés coton* viennent d'Angleterre pour les quatre cinquièmes, le reste, d'Allemagne et de Belgique. De France, rien.

Résumé de l'importation des tissus de laine autres que la mousseline.

DÉSIGNATION	1900	1901	1902
	Frs	Frs	Frs
Fils de laine	4676191	2253576	2397580
Flanelle de laine	2386620	814570	1267110
Flanelle, laine et coton	1165485	653489	153774
Satin	2913916	1563741	3071052
Serge	3022287	978577	630066
Draps de laine	7721381	3427221	5200028
Draps, laine et coton	6336520	2343624	3718086

Dans toutes ces fournitures, la France n'a participé que pour 124800 francs environ, et cependant nos fabriques de flanelles, de serges et de draps fins comme de draps mélangés sont assez nombreuses; nos fabricants ne veulent pas condescendre à faire du bon marché ; les acheteurs étrangers, habitués pour cela à ne plus s'adresser à eux, les oublient même pour la fabrication de qualité supérieure.

Vêtements et accessoires. — *Importation.* — Ces articles sont de fabrication courante en France, nos fabricants pourraient certainement obtenir des commandes ; je vais mettre, en face du chiffre total d'importation en 1902, celui fait par la France, chacun pourra juger.

Importation de vêtements et accessoires au Japon en 1902.

DÉSIGNATION	IMPORTATION TOTALE	IMPORTATION DE FRANCE
	Frs	Frs
Chaussures	205486	1097
Bretelles	169112	3432
Boutons et boucles	264053	32127
Cachenez en laine et fichus	63754	31
Gants	190187	2420
Chapeaux, capelines	605443	3491
Echarpes et foulard	55380	1940
Châles	710521	62
Bonneterie (chaussettes et bas)	95176	1528
Rubans et galons	197338	25142
Tresses et cordons	124529	7935
Divers	116678	32331
Gilets de laine et caleçons	84887	—
Gilets de coton	123846	207
Gilets mélangés	188397	229
Autres accessoires	256709	26333
Total	3451495	130305

Ces chiffres se passent de commentaires.

Le chiffre de l'Allemagne s'élève à 1471506 francs, celui de l'Angleterre à 1215999 francs.

Parmi les genres d'articles ci-dessus, la fabrique japonaise fait de son côté l'exportation, entre autres de *boutons*, de *chapeaux*, de *gilets* et *caleçons*, etc.

Exportation de vêtements et accessoires en 1902

	Frs		Frs
Boutons en métal........	356600	Report........	4456290
Boutons autres...........	610250	Chaussures..............	339244
Chemises de coton........	407670	Peignoirs................	412598
Caleçons et gilets de coton.	843518	Châles de soie...........	228483
Vêtements européens.....	1310791	Chemises de soie.........	214399
Gants..................	93314	Chaussettes et bas........	357324
Hakimono..............	447641	Garnitures..............	93229
Chapeaux..............	386506	Autres accessoires..	1335453
A reporter.....	4456290	Total.......	7437020

Les *boutons* importés sont les boutons de luxe et surtout les boutons couverts d'étoffes, tandis que les boutons exportés sont des boutons communs en os, en celluloïd, en corne et en métal.

Les *gants* exportés sont des gants de laine ou de fil.

Les *chapeaux* exportés sont absolument de la dernière qualité.

En général, les articles faits au Japon qui ne sont pas une vieille spécialité du pays sont de qualité ordinaire; quoi qu'il en soit, c'est autant d'affaires que le Japon a enlevées à l'Europe dans l'Extrême-Orient.

Eventails. — *Exportation.* — L'éventail peut être considéré comme accessoire du costume; je le mentionne donc ici et à titre de renseignement pour démontrer que les Japonais arrivent à pénétrer partout, même dans les pays où il y a une fabrication spéciale.

Le chiffre d'exportation pour le monde entier a été, en 1900, de 1891390 francs. L'Espagne même, qui est le pays de l'éventail, en a reçu en 1902 pour 87609 francs, tandis qu'en 1900 et 1901, elle n'en avait reçu que pour quelques milliers de francs.

Parapluies. — *Exportation.* — Les étoffes pour parapluies viennent toutes d'Angleterre ; la France a encore perdu cette fourniture.

Toute la *monture* en acier est faite au Japon, où l'on fait également un chiffre sérieux d'affaires pour l'extérieur.

En 1902, il est sorti du Japon pour tout l'Extrême-Orient pour 2698607 francs de parapluies, chiffre à peu près le même qu'en 1901, mais bien supérieur à celui des années précédentes.

Jouets. — *Importation.* — *Exportation.* — En 1902, il a été importé pour 187200 francs de jouets, fournis par l'Allemagne 83200 francs, la France 46800 francs, la Belgique et l'Angleterre ensuite. Il faut que ces jouets importés soient bien spéciaux, car le Japon est lui-même producteur pour une forte somme; il en a exporté pour 899600 francs en 1900 et 1901, et 1002973 francs en 1902. L'Angleterre et les Etats-Unis en ont acheté pour plus de 260000 francs cette dernière année.

Paravents et écrans. — *Exportation.* — A titre de document, je donnerai le chiffre de l'exportation des fameux écrans et paravents japonais.

Le monde entier en reçoit; marche en tête l'Angleterre, puis l'Amérique; nous arrivons en cinquième ligne avec 62977 francs.

Exportation en 1900 : 1060922 francs;
— 1901 : 1060771 »
— 1902 : 1127778 »

MENUISERIE. — ÉBÉNISTERIE. — MEUBLES

Exportation. — *Importation.* — Cette industrie donne lieu à un trafic presque nul avec l'extérieur.

Le meuble japonais, si renommé, tel que nous le voyons en France, n'est pas d'origine japonaise, c'est une création française qui a su donner à l'objet un style mi-chinois mi-japonais. L'intérieur des appartements japonais ne comporte pas d'autres meubles que quelques petites tables, quelques consoles et quelques bahuts de petite taille; j'entends parler, bien entendu, d'intérieur absolument japonais. Ce sont ces petits meubles que le Japon exporte pour une moyenne de 520 000 francs pour chacune des trois dernières années, encore ce chiffre comprend-il peut-être les meubles en bambou que l'on exporte principalement de Kobé.

Les quelques meubles étrangers entrés en 1902, environ 260 000 francs, viennent d'Amérique, de l'Angleterre, de l'Allemagne, de France et d'Autriche, par ordre d'importance d'expédition.

MÉCANIQUE. — MACHINES DIVERSES ET ACCESSOIRES

Aucune machine fabriquée au Japon ne sort du pays ; la construction étant encore restreinte, l'industrie est obligée de se pourvoir à l'étranger.

Pour chaque genre de machines, je donnerai le total d'importation de 1902 et le nom des quatre pays principaux importateurs avec le chiffre d'affaires. La France pourra ne pas être mentionnée.

GENRES DE MACHINES	Importation de 1902	
		Frs
Appareils d'éclairage électriques :	*Importation totale*	1 332 669
	Etats-Unis	1 101 191
	Grande-Bretagne	112 757
	Allemagne	103 540
	France	13 985
Moteurs électriques :	*Importation totale*	2 108 571
	Etats-Unis	1 774 209
	Allemagne	168 584
	Grande-Bretagne	157 518
	Suisse	6 162
Pompes à incendie :	*Importation totale*	545 319
	Etats-Unis	271 492
	Grande-Bretagne	208 057
	Allemagne	37 110
	Canada	286 000

Dans l'année 1902, l'importation a baissé de 429 000 francs, surtout au détriment de l'Angleterre.

GENRE DE MACHINES	Importation de 1902	
		Frs
Appareils de levage :	*Importation totale*	831 310
	Angleterre	640 757
	Belgique	97 170
	Etats-Unis	87 620
	Allemagne	4 662

L'importation a diminué sur 1901 de 1 560 000 francs au détriment de l'Angleterre.

GENRES DE MACHINES	Importation de 1902	
		Frs
Locomotives et accessoires :	*Importation totale*	4 440 836
	Angleterre	2 706 954
	Etats-Unis	1 480 105
	Allemagne	252 439
Machines à percer :	*Importation totale*	481 640
	Angleterre	341 936
	Etats-Unis	106 595
	Allemagne	31 962
Tours :	*Importation totale*	1 230 016
	Grande-Bretagne	1 080 992
	Etats-Unis	145 496
	Allemagne	3 526
Machines-outils diverses :	*Importation totale*	1 458 860
	Angleterre	716 394
	Allemagne	332 267
	Etats-Unis	298 191
	Belgique	92 144

GENRES DE MACHINES	Importation de 1902	
		Frs
Machine à faire le papier :	*Importation totale*	582535
	Angleterre	296028
	Etats-Unis	272709
	Allemagne	13312
Machines à filer :	*Importation totale*	1822272
	Angleterre	1752291
	Allemagne	51353
	Etats-Unis	5853
	Suisse	5481
	France	4794

Dans l'année 1901, l'importation s'était élevée à 3 325 904 francs; la France avait pu en fournir pour 94 031 francs.

GENRES DE MACHINES	Importation de 1902	
		Frs
Chaudières :	*Importation totale*	2355142
	Etats-Unis	1167096
	Angleterre	824746
	Allemagne	343736
	Suisse	12722
Téléphones :	*Importation totale*	516542
	Etats-Unis	259873
	France	123659
	Belgique	73749
	Allemagne	39260
Machines à tisser :	*Importation totale*	245773
	Angleterre	116665
	Allemagne	68765
	France	41852
	Etats-Unis	17103
Montres de toutes sortes et pendules :	*Importation totale*	608790
	Suisse	469931
	France	71521
	Angleterre	40953
	Etats-Unis	14461

GENRES DE MACHINES	Importation en 1902	
		Frs
Boitiers de montres de toutes sortes :	*Importation totale*	608 267
	Etats-Unis	376 652
	Suisse	179 959
	France	51 441
Mouvements de montres et pendules :	*Importation totale*	674 695
	Etats-Unis	346 135
	Suisse	236 839
	France	77 212
	Angleterre	8 606

Depuis 1900, l'importation des montres a baissé de plus de moitié, par la raison que les Japonais importent les mouvements et font le montage.

Le chiffre des mouvements de montres est de 520 000 francs, inférieur à celui de 1900 et de 1901. On m'a assuré que les Japonais commencent à faire les mouvements : leur exportation, d'ailleurs, est relativement importante, surtout pour les pendules de tous genres ; elle a été :

en 1900 : 596 588 francs ;
1901 : 734 864 »
1902 : 666 622 »

Photographie. — Science. — Médecine. — Optique. — *Importation.* — Dans la photographie, nous n'avons pas su prendre la place qu'il importait à notre fabrication supérieure, de même dans la mécanique de précision, les instruments de sciences et de chirurgie et l'optique.

Je vais également donner un tableau de comparaison de l'importation des quatre premiers fournisseurs du Japon en 1902.

GENRE D'ARTICLES	Importation de 1902	
		Frs
Appareils de photographie :	*Importation totale*	307663
	Etats-Unis	180822
	Angleterre	54574
	Allemagne	47702
	France	19804
Plaques photographiques :	*Importation totale*	410418
	Angleterre	359861
	Etats-Unis	31252
	France	14898
	Allemagne	4165
Papiers photographiques :	*Importation totale*	282724
	Angleterre	119317
	Allemagne	108066
	Etats-Unis	38821
	France	14032
Microscopes :	*Importation totale*	212854
	Allemagne	166436
	Etats-Unis	21408
	Autriche	21094
	France	7444
Binocles et lorgnettes :	*Importation totale*	152667
	France	108745
	Angleterre	22833
	Allemagne	15096
	Etats-Unis	6024
Baromètres et thermomètres :	*Importation totale*	67629
	Allemagne	29596
	Angleterre	22144
	France	13078
Instruments de chimie :	*Importation totale*	136412
	Allemagne	120988
	Angleterre	8715
	Etats-Unis	4919

GENRE D'ARTICLES	Importation de 1902	
		Frs
Instruments de chirurgie :	*Importation totale*	487 581
	Allemagne	139 927
	Angleterre	38 181
	Italie	37 263
	Etats-Unis	243 482
	France	18 424
Instruments d'optique :	*Importation totale*	176 046
	Angleterre	113 854
	Etats-Unis	29 505
	Allemagne	25 581
	France	6 789
Instruments divers de science :	*Importation totale*	433 131
	Angleterre	160 134
	Allemagne	155 935
	Etats-Unis	81 310
	France	26 484

La France n'a pas un rang bien brillant dans chaque spécialité, sauf pour les lorgnons et les lorgnettes.

Machines à bières. — *Importation.* — Les *machines à bières*, dont le chiffre a été de 552567 francs en 1902 et d'un chiffre un peu moindre en 1901 et 1900, viennent principalement d'Angleterre et pour une petite quantité d'Allemagne.

Les *machines à cigarettes* viennent des Etats-Unis.

Les *machines à coudre* sont principalement de marques allemandes, ensuite américaines et anglaises.

Les *chaudières* importées en 1902 pour la somme de 2355142 francs viennent pour la moitié des Etats-Unis, d'Angleterre pour la plus grosse part restant, et ensuite d'Allemagne.

En général, la fourniture des machines destinées à l'industrie et aux mines se partage entre l'Angleterre, l'Allemagne et les Etats-Unis.

Machines agricoles. — Pour terminer cette énumération, je signalerai l'importation de machines et instruments d'agriculture qui confirme mon dire précédent que les Japonais s'intéressent de plus en plus à l'Agriculture.

Les machines sont entrées, en 1902, pour une somme totale de . . . . **674965** francs.

De provenance	anglaise.	396588	—
—	américaine. . . .	207857	—
—	allemande	32146	—
—	française	17495	—

Les années 1901 et 1900 n'ont pas été inférieures à celle-ci. Beaucoup de machines, d'appareils et produits divers étant spéciaux à certains pays, et ne pouvant être fournis par la France, je n'ai pas cru devoir en détailler le trafic.

Dans tous ces chiffres ne figurent pas les importations et les exportations des îles Formose, résumées dans le tableau ci-après.

L'Etat japonais acheteur ne fait pas figurer également ses importations aux statistiques ci-dessus ; ses achats pour la maison impériale, l'armée, la marine, les musées et les légations étrangères se sont élevés en 1902 à 49670195 francs. Heureusement l'industrie française peut tirer quelques avantages des fournitures à la Guerre et à la Marine, pour les canons, les plaques de blindage, les frettes et autres accessoires, les tourelles, les canons de fusil et les chaudières marines dont j'ai donné précédemment le nom des exportateurs.

Tableau des Exportations de l'île Taiwan (Formose) 1897 à 1901.

1897	1898	1899	1900	1901
Frs 33174164	Frs 33350694	Frs 28898797	Frs 27485341	Frs 21576880

Le commerce d'exportation se fait exclusivement avec la Chine, Hong-Kong, les Etats-Unis et la Métropole. Les principaux articles exportés sont : le thé noir, le riz, le camphre raffiné, le sucre, le lin, le chanvre, la sésame, la houille et des tourteaux obtenus par l'extraction de l'huile.

Montant des Importations de l'île Taiwan (Formose) 1897 à 1901.

1897	1898	1899	1900	1901
Frs	Frs	Frs	Frs	Frs
32914174	43885894	37110004	35283726	33305467

Les principaux fournisseurs sont : la Chine, l'Angleterre, les Etats-Unis, les Indes néerlandaises, l'Australie, Hong-Kong, les Indes anglaises, l'Allemagne, et les colonies françaises de l'Inde. Les principaux produits importés sont : l'opium, pour un gros chiffre : 8820765 francs en 1900 et 6007105 francs en 1901, le pétrole, les toiles de coton et tissus de lin, la soie, les papiers, le papier argenté ou doré, les bois de construction, la farine, le riz, la porcelaine et poterie, le plomb, le tabac, le sucre blanc, les porcs, etc.

Les chiffres ci-dessus démontrent que l'importation dépasse de beaucoup l'exportation, et que l'exportation a sensiblement diminué ; il s'ensuit donc que, si la Métropole n'a pas envoyé des subsides, la situation des îles Formose doit être difficile.

SITUATION ÉCONOMIQUE DU JAPON

Pour bien se rendre compte de la situation économique du Japon, il est nécessaire d'étudier les statistiques du commerce général dans ces dernières années et ensuite de comparer les importations et les exportations depuis 1868 jusqu'en 1902.

EXPORTATION

Tableau donnant : 1° la valeur totale des marchandises exportées avec indication du pays de destination, et 2° le total général de l'exportation de 1898 à 1902.

	PAYS	1898	1899	1900	1901	1902
		Frs	Frs	Frs	Frs	Frs
ASIE	Indes anglaises..	15 949 568	15 761 327	22 631 228	25 109 747	34 675 929
	Chine..........	75 902 255	104 668 288	82 866 098	111 606 505	121 780 217
	Corée..........	15 195 263	18 189 421	25 878 507	29 568 633	27 440 875
	Indes néerlandaises...	95 304	119 461	941 264	1 776 775	1 483 648
	Indes françaises.	289 694	418 726	297 459	386 022	411 869
	Hong-Kong.....	81 832 129	89 157 400	101 861 384	108 645 282	67 277 753
	Iles Philippines..	300 126	745 607	3 268 528	6 709 773	4 502 521
	Russie d'Asie...	5 673 126	6 645 608	9 208 766	5 955 162	5 576 899
	Siam...........	108 472	69 196	92 616	83 205	146 502
	Total......	195 345 937	235 775 034	247 045 850	289 841 104	263 296 213
EUROPE	Autriche-Hongrie	909 548	1 753 771	1 292 705	3 606 106	2 972 606
	Belgique........	263 028	861 680	770 930	1 350 250	1 561 292
	Danemark......	172 512	56 675	49 285	64 904	52 265
	France.........	53 290 657	76 044 376	49 791 100	70 916 745	70 936 991
	Allemagne......	6 420 028	9 872 011	9 244 595	13 652 782	12 316 275
	Grande-Bretagne.	20 237 472	29 304 003	29 283 793	29 854 510	45 099 987
	Hollande.......	969 558	837 603	309 474	894 465	1 937 647
	Italie...........	6 461 941	9 312 444	18 536 208	32 680 661	34 547 646
	Portugal........	3 223	»	2 540	2 990	»
	Russie.........	1 197 570	1 603 684	1 620 645	2 216 020	2 519 236
	Espagne........	99 307	150 102	53 309	88 414	216 494
	Suède et Norvège.	24 243	31 311	12 746	76 297	16 601
	Suisse..........	615 384	290 102	306 482	390 739	1 965 382
	Turquie........	116 628	240 892	142 845	114 696	108 836
	Total......	90 781 099	130 358 654	111 416 657	155 909 579	174 251 258
AMÉRIQUE	Canada.........	6 150 613	6 131 058	7 671 723	8 517 896	9 063 207
	Mexique........	74 754	24 840	84 698	158 243	264 170
	Pérou..........	4 512	12 387	8 908	14 282	6 218
	Etats-Unis......	123 009 002	166 190 102	136 672 628	188 004 333	208 605 293
	Total......	129 238 881	172 358 387	144 437 957	196 694 754	217 938 888
AUTRES CONTRÉES	Australie.....	5 188 767	5 641 795	6 579 364	6 586 729	8 247 440
	Egypte.......	301 193	1 718 237	722 678	801 179	1 168 192
		1 865 128	3 515 070	3 366 453	4 947 046	4 766 563
	Total......	7 355 088	10 875 102	10 668 495	12 334 954	14 182 195
	Autres pays........	534 690	428 280	848 483	801 712	896 517
	Inconnu...........	16 593	92 409	547 778	526 705	1 022 916
	Total général...	423 272 288	549 887 866	514 965 220	656 108 808	671 587 987

IMPORTATION

Tableau donnant : 1° la valeur totale des marchandises importées avec indication du pays d'où elles proviennent, et 2° le total général de l'importation depuis 1898 à 1902.

Région	PAYS	1898	1899	1900	1901	1902
		Frs	Frs	Frs	Frs	Frs
ASIE	Indes anglaises..	105 987 037	114 098 103	61 142 512	111 227 753	132 540 640
	Chine..........	79 362 038	74 588 100	77 897 924	70 868 163	105 536 230
	Corée..........	12 469 683	12 938 034	22 894 606	26 136 338	20 690 659
	Indes néerlandaises...	4 314 975	3 394 487	12 216 469	13 197 046	9 278 669
	Indes françaises.	69 337 954	11 672 247	9 444 871	10 615 532	14 689 859
	Hong-Kong.....	41 351 614	19 079 983	27 715 623	28 968 648	6 382 690
	Iles Philippines..	8 564 875	6 198 072	5 939 164	7 750 683	3 884 049
	Russie d'Asie...	4 404 842	11 788 712	14 863 433	11 739 431	15 506 030
	Siam..........	10 851 386	1 968 278	1 522 248	3 107 213	4 409 025
	Total.......	336 644 404	255 726 016	233 636 850	283 610 807	312 917 851
EUROPE	Autriche-Hongrie	1 537 447	3 250 564	11 706 440	12 319 315	6 179 305
	Belgique........	11 223 428	14 081 106	20 668 058	15 108 332	18 141 903
	Danemark......	36 873	8 068	26 769	26 483	46 979
	France.........	18 147 956	14 997 268	21 049 132	9 757 353	12 339 017
	Allemagne......	66 588 501	45 794 296	75 919 209	73 632 265	67 113 594
	Grande-Bretagne.	163 039 690	116 576 184	186 259 372	131 497 051	130 946 475
	Hollande.......	631 459	2 377 455	2 105 012	1 061 434	2 008 931
	Italie..........	1 003 129	616 169	1 170 275	401 393	485 713
	Portugal........	48 643	86 073	27 477	52 497	28 766
	Russie.........	302 356	127 720	803 990	546 717	268 096
	Espagne........	340 576	264 469	194 579	389 776	401 143
	Suède et Norvège.	360 219	313 724	859 950	1 092 936	1 147 130
	Suisse..........	9 095 606	4 359 339	7 832 513	5 742 292	5 072 722
	Turquie........	44 949	67 738	65	14 084	3 091
	Total......	272 400 832	202 920 173	328 622 839	251 641 928	244 182 865
AMÉRIQUE	Canada.........	408 171	473 247	823 339	472 641	1 344 912
	Mexique........	9 534	74 022	5 528	8 333	4 885
	Pérou..........	7 758	6 339	27 771	1 292	»
	Etats-Unis......	104 002 852	99 361 324	163 179 110	111 200 518	126 497 345
	Total......	104 428 315	99 914 932	164 035 748	111 682 784	127 847 142
AUTRES CONTRÉES	Australie.....	3 648 934	4 442 542	6 385 441	4 621 755	4 347 767
	Egypte.......	924 971	2 442 349	3 817 055	4 913 074	6 287 481
		62 270	14 617	13 689	17 581	59 082
	Total......	4 636 175	6 899 509	10 216 185	9 552 410	10 694 330
	Autres pays........	3 024 835	6 754 597	9 059 255	7 010 094	9 062 053
	Inconnu...........	371 036	903 721	1 309 909	1 625 260	1 797 016
	Total général...	721 505 597	573 118 948	746 880 786	665 123 283	706 501 257

Par le résumé des importations et des exportations du Japon de 1868 à 1902, on pourra juger de l'essor pris par ce pays depuis le jour où, changeant sa politique intérieure, il se mit un peu par force en contact avec les étrangers ; les phases ascendantes les plus intéressantes sont celles de 1898 à 1902.

Résumé des importations et exportations de 1868 à 1902.

ANNÉES	EXPORTATION	IMPORTATION	TOTAL	EXCÉDENT de l'importation sur l'exportation	EXCÉDENT de l'exportation sur l'importation
	Frs	Frs	Frs	Frs	Frs
1868	40 439 030	27 801 987	68 241 017	—	12 637 043
1878	67 569 164	85 474 568	153 043 732	17 905 404	—
1883	94 296 852	73 956 589	168 253 441	—	20 340 263
1888	170 834 326	170 183 608	341 017 934	—	650 718
1893	233 253 449	229 468 647	462 722 096	—	3 784 802
1898	423 272 288	721 505 597	1 144 777 885	298 233 309	—
1899	549 887 866	573 118 948	1 123 006 814	23 231 082	—
1900	514 965 220	746 880 786	1 261 846 006	231 915 566	—
1901	656 108 808	665 123 283	1 321 232 091	9 014 475	—
1902	671 587 987	706 501 257	1 378 089 244	34 913 270	—

En 1868, à l'époque où tout ce qui était japonais plaisait à l'Europe, l'exportation a dépassé l'importation de 12 637 043 francs ; de 1869 à 1881, sauf une année, l'importation a dépassé l'exportation de plusieurs millions de francs et a été jusqu'à 49 400 000 francs. Par contre, de 1882 jusqu'à 1889, l'exportation eut l'avantage par un excédent, depuis 10 400 000 francs jusqu'à 41 600 000 en 1886.

Suivons l'évolution de ce pays : pendant douze ans il crée son industrie, l'importation lui est nécessaire ; tout à coup, en 1881, l'industrie créée, il exporte sans cesse pendant huit ans.

En 1890, ses importations ont un excédent de 65 325 192 francs et ensuite pendant 1891, 1892, 1893 les exportations ont l'avantage.

1894 donne la supériorité à l'importation, et 1895 à l'exportation.

Arrive la guerre avec la Chine : le Japon a besoin de tout, son industrie et son commerce ont souffert, il faut tout réparer.

L'exportation de 1896 a diminué, heureusement l'année 1897 dépasse celle de 1896 de près de 120000000 de francs ; comme il

Banque de Osaka, à Osaka.

arrive toujours après une guerre, le commerce reprend son essor, l'importation dépasse l'exportation de 139962454 francs en 1896, et de 146030804 francs en 1897 ; l'industrie se perfectionne, l'exportation augmente sensiblement. Cette différence énorme dans l'importation porte principalement dans l'achat de produits d'alimentation, de coton brut, de laine, de rails de fer, de clous, de machines à filer, de locomotives, de navires à vapeur.

Dans l'année 1898 l'importation dépasse également l'exportation qui a quand même augmenté, et du chiffre énorme de 298233309 francs.

Voici sur quoi porte cette importation : d'abord sur le riz pour 70200000 francs de plus qu'en 1897, et il est bon de signaler que ces riz venaient d'Indo-Chine pour la majeure partie; ensuite les sucres avaient dépassé l'importation précédente de 18200000 francs et l'alcool de près de 5200000 francs ; le surplus de cet excédent porte sur les matières premières, les cotons, les laines, tissus divers, les cuirs, les fers de toutes sortes, les bateaux à vapeur, les tabacs, le papier à impression.

Les réserves faites de 1898 ont valu à l'année 1899 un excédent de 23231082 francs seulement, mais l'année 1900 a vu accroître de nouveau son excédent d'importation à 231915566 francs. Les articles de consommation, riz, sucre et farine, sont cause de cette différence pour un chiffre d'environ 32000000 de francs. L'alcool, comme je l'ai déjà écrit, a vu son chiffre d'importation de 1899 de 5356000 francs descendre à 343330 francs.

C'est surtout sur les matières premières, coton, laine, les tissus, entre autres les mousselines de laine, les cuirs, les fers en plaques et en barres, les tubes en fer et les papiers, que porte le supplément d'excédent. Les pétroles y entrent aussi pour près de 18200000 francs.

En résumé, jusqu'à fin de l'année 1895 les excédents de l'importation et de l'exportation se sont à peu près balancés.

L'excédent de l'importation sur l'ensemble de ces vingt-sept années a été de 300590250 francs et celui de l'exportation de 287057216 francs, soit une différence de 13532332 francs; la situation était donc bonne à ce moment; mais, depuis 1896, l'excédent de l'importation sur l'exportation s'est élevé jusqu'à fin 1902 à 850056974 francs.

En face de ces chiffres qui nous démontrent la marche ascendante de l'excédent de l'importation sur l'exportation, doit-on conclure que la situation économique du Japon est ou a été mauvaise? Non, mais il n'y a aucun doute qu'elle a été embarrassée.

L'indemnité de guerre reçue de la Chine et la nouvelle situation politique du Japon ont certainement favorisé l'industrie et le commerce japonais, lui ont valu les fortes importations de 1896, 1897 et 1898 et lui ont permis de combler les excédents énormes de ces trois années ; mais, l'excédent de l'année 1900 ne portant pas spécialement sur l'importation d'outillage industriel ou de travaux publics pouvant devenir un capital en fonctionnement, il faut conclure que le commerce a excédé ses forces par une importation d'autant plus irraisonnée que l'exportation avait diminué de plus de 26000000 de francs. On dit même que cette baisse dans l'exportation provenait du refus de certaines places de l'étranger de continuer les relations commerciales avec le Japon par suite de livraisons de marchandises de mauvaise qualité surtout pour le thé et les nattes.

La situation économique était donc loin d'être prospère ; il y avait à ce moment un ralentissement marqué dans les travaux publics, le trop-plein de marchandises faisait pressentir une tendance à la baisse et en même temps l'intérêt des capitaux augmentait.

Heureusement l'année 1901 est venue apporter un notable changement et prévint un krach qui paraissait inévitable ; d'un côté les importations ont diminué de 81757523 francs, ce qui a permis d'écouler les stocks en réserve, et les exportations ont augmenté de 141143588 francs. Cette augmentation est due principalement à la soie, dont le chiffre de 1901 a dépassé celui de 1900 de 95697358 francs par suite de la mauvaise récolte de soie en France et de la création d'un outillage perfectionné pour le tissage de la soie en Amérique.

On peut donc conclure aujourd'hui, quoique l'importation ait dépassé l'exportation de 9014475 francs en 1901, que la situation s'est améliorée au Japon après 1900, et cette amélioration est due uniquement à des causes extérieures, et nullement aux commerçants eux-mêmes.

Dans l'année 1902, quoique l'excédent de l'importation soit arrivé à 34913270 francs, la position commerciale est meilleure.

L'exportation a augmenté de 15479179 francs, entièrement due à la soie, et les excédents d'importation portent principalement sur des matières premières appelées à développer ou à entretenir l'industrie, tels que le coton dont l'importation a augmenté en 1902 d'environ 49400000 francs.

Les couleurs et teintures, environ 3380000 francs ;

Le papier, 4420000 francs ;

La laine, 6500000 francs ;

Le chanvre, 1560000 francs ;

Les tourteaux servant d'engrais à 5200000 francs.

L'importation des grains avait bien augmenté de 19500000 francs environ, mais celle des sucres avait diminué de 49400000 francs, due probablement au stock provenant des importations de 1901.

Quoi qu'il en soit, le Japon a su entretenir et même augmenter les produits naturels du pays, tels que le thé, la soie, les riz ; il s'est appliqué à faire de nouvelles cultures telles que le tabac, la pomme de terre, l'indigo, le chanvre, etc., etc.

L'exportation du thé et de la soie a continuellement augmenté, les vieilles industries du pays se sont développées, peut-être au détriment de l'art et du bon goût, mais les affaires sont les affaires.

Les mines de charbon et de cuivre ont été exploitées avec un tel succès que les cuivres du Japon atteignent tous les marchés de l'Europe ; les charbons non seulement ont servi à créer de nombreuses industries, mais ils arrêtent l'exportation des charbons anglais dans tout l'Extrême-Orient.

L'industrie du coton avec ses 1135111 broches en 1900 est encore loin des quatre millions de broches de France et des quarante millions de broches d'Angleterre, mais dans ce pays, où il n'y avait encore, il y a quinze ans, que des métiers à main, qu'entretenaient les filés d'Angleterre, n'est-il pas intéressant de suivre son développement ?

Il y a quatre ans se fonda la première fabrique de mousseline de laine, la seconde, l'année dernière, et avant peu on verra des peignages, ensuite viendront les fabriques de drap.

Une industrie de France faisant autrefois beaucoup d'affaires en Orient, la fabrication des parapluies, est maintenant perdue pour nous au Japon et se voit concurrencée dans les pays environnants.

Les brosses à dents, les boutons, les allumettes, les lampes, les jouets, la coutellerie, les chaussures, la bonneterie, le travail de la plume et des oiseaux, voilà autant d'industries européennes qui non seulement nous font concurrence sur les marchés d'Extrême-Orient et des Etats-Unis, mais sont susceptibles de venir chez nous.

Les ciments sont entièrement perdus pour nous.

Joignons à cela les industries nouvellement créées ou spéciales au pays, les huiles de poissons, les engrais, les produits chimiques, la parfumerie, les instruments de chirurgie, les instruments de musique, les orgues, les pianos, etc., etc.

Il est juste de reconnaître franchement que l'essor de l'industrie et du commerce du Japon a été extraordinaire, quand on pense à la situation, avant 1868, de ce pays qui avait la haine de tout ce qui était étranger. Quel réveil chez ce peuple, pour ainsi dire endormi depuis deux mille cinq cents ans, se confinant exclusivement dans son île, et qui aujourd'hui veut tenir tête aux plus grandes puissances. Quelle énergie pour se soumettre à la civilisation de l'Occident, étudier les langues, les sciences, l'art de la guerre, l'industrie, etc. Le Japonais n'est pas inventeur, mais son esprit d'assimilation et d'imitation le rendra toujours dangereux. Qu'il suffise de rappeler que le Japon a fait 68 241 014 francs d'affaires en 1868 et 1 378 089 244 francs en 1902, pour se rendre compte de ce qu'il ferait s'il avait des capitaux ; malheureusement l'argent est rare et par conséquent cher, les étrangers ne peuvent encore trouver de sécurité pour placer des capitaux au Japon, ne se sentant pas assez soutenus par les lois du pays. Les banques elles-mêmes offrent de beaux intérêts à qui veut faire des dépôts : 6 à 7 °/₀ l'an pour des dépôts de six mois ; on peut donc en déduire le taux demandé quand il s'agit d'entreprises commerciales ou industrielles.

Quels sont les pays qui peuvent le plus craindre du Japon au point de vue économique ?

D'abord l'Angleterre : La situation du Japon l'autorise à chercher à lutter avec l'Angleterre : 1° par les transports, car il peut étendre une flotte de commerce dans tout l'Extrême-Orient, laquelle porte ses charbons et rapporte les produits dont il a besoin ; 2° par l'industrie du coton et même des laines qui progressent journellement et quantité de produits qu'il commence à fabriquer.

L'Allemagne ensuite, parce qu'elle cherche elle-même à concurrencer l'Angleterre pour tous les tissus et les articles de toilette, les produits chimiques, les machines, etc.

Pour la France, elle ne peut plus guère craindre ayant presque tout perdu ; elle pourrait cependant faire encore beaucoup, j'en parlerai dans un prochain chapitre.

Notre colonie d'Extrême-Orient pourrait également tirer grand profit du voisinage du Japon, en le prenant comme exemple.

Où le Japon aura un grand avantage sur les pays occidentaux c'est par la main-d'œuvre. Dans les industries où l'homme doit produire à la main ou conduire sa machine, il est certain que la production sera moindre chez le Japonais, mais quand même le bas prix de la main-d'œuvre avantagera toujours le produit japonais. Par contre, dans les industries où l'homme et la femme sont pour ainsi dire conduits par la machine, la production du Japonais sera la même que celle de l'Occidental, cependant l'attention étant moins soutenue chez le Japonais, le produit sera inférieur, je citerai par exemple la filature et le tissage du coton ; j'ajouterai encore que le fait pour l'Européen, homme ou femme, de conduire plusieurs machines, ce qu'il est difficile de demander aux Japonais, avantagera toujours la fabrication européenne.

Dans les ateliers les femmes touchent généralement 0,25 de yen ou 0fr,63, et si elles sont nourries et logées, ce qui arrive quelquefois, ainsi que je l'ai vu dans une fabrique de mousseline de laine, elles touchent 0fr,185.

L'homme dans les ateliers gagne en moyenne 0,40 de yen

par jour ou 1fr,05. Dans le Niphon central, et surtout à Tokio, les ouvriers sont payés plus cher.

Voici la moyenne des prix payés aux ouvriers de 1896 à 1900; moyenne de tout le pays.

PROFESSIONS		1896	1897	1898	1899	1900
		Frs	Frs	Frs	Frs	Frs
Charpentiers		0,988	1,144	1,222	1,326	1,404
Tailleurs de pierre		1,066	1,122	1,326	1,482	1,586
Briquetiers		—	—	—	—	1,170
Menuisiers		0,958	1,014	1,118	1,222	1,300
Cordonniers		0,858	0,988	1,092	1,170	1,222
Forgerons		0,858	1,014	1,066	1,170	1,248
Joailliers-bijoutiers		0,832	0,910	0,962	1,118	1,092
Fabricants de papiers		0,572	0,728	0,806	0,958	0,832
Imprimeurs		0,702	0,728	0,780	0,806	0,884
Jardiniers		0,958	1,040	1,170	1,274	1,352
Journaliers agricoles	Hommes	0,546	0,650	0,728	0,676	0,780
	Femmes	0,338	0,416	0,468	0,442	0,494
Fabricants de tissus	Hommes	0,494	0,572	0,780	0,806	0,958
	Femmes	0,338	0,390	0,494	0,494	0,520

Ces derniers prix diffèrent un peu de ceux ci-dessus qui sont d'Osaka et de Tokio.

Ces prix sont-ils susceptibles d'augmenter? Oui certainement; mais pas beaucoup; d'après les patrons, ces prix sont très élevés; des grèves ont déjà surgi, et certains directeurs, m'a-t-on assuré, n'ont pas hésité à faire appliquer une loi récente pour entrave au travail.

Le travail dans les usines devenant plus assidu en comparaison de ce qu'il était autrefois quand l'ouvrier était plus libre, ce dernier se créera des besoins qui le forceront à réclamer de plus fortes paies.

Dans certains corps de métier le salaire a augmenté des deux tiers dans l'espace de cinq ans, dans d'autres il a presque doublé; on ne croit pas généralement à l'augmentation des salaires dans les mêmes proportions pendant le même laps de temps, à moins cependant que l'augmentation des impôts ne produise un renchérissement des choses les plus nécessaires à la vie. Le refus des industriels de se soumettre entraînerait fatalement les grèves, car les ouvriers de même métier, dans la même ville, sont tous en

Succursale de la Hongkong Shanghai Bank, à Kobé.

corporations et ces corporations syndiquées entre elles peuvent devenir une puissance véritablement à craindre pour les patrons.

Quoi qu'il en soit de la situation actuelle du Japon, je suis convaincu qu'il pourra se relever de la crise qu'il a eu à supporter dans ces dernières années, je suis convaincu que son industrie progressera encore ; mais elle n'arrivera jamais à planer, comme l'espèrent les Japonais, au-dessus de l'industrie européenne.

Pour planer au-dessus des autres peuples, il faudrait au Japon deux facteurs qui lui manquent totalement : d'abord le capital sans lequel on n'arrive à rien et ensuite des inventeurs, des créateurs qui perfectionnent le matériel industriel et le tiennent au niveau des industries européennes, ou apportent au capital par les nouveautés créées le moyen de se décupler en quelques années. Ces deux points noirs entraveront toujours leur marche en avant; il suffira d'un outil perfectionné dans une industrie d'Europe pour arrêter pendant quelques années l'essor de la leur.

A mon avis, de longtemps le péril jaune ne sera réellement pas à redouter au point de vue industriel. L'Angleterre, qui pourrait être la première atteinte, n'hésitera pas quand il le faudra à créer, dans les pays où le Japon exporte le plus, les industries pour lesquelles elle craindra la concurrence.

Le Japon est allé trop vite ; se nourrir d'illusions n'entretient pas la vie.

VI. — Commerce de la France avec le Japon

(PRODUITS QUE LA FRANCE PEUT EXPORTER)

Pour bien me rendre compte des articles susceptibles d'être exportés au Japon, je ne me suis pas contenté d'étudier à l'Exposition la fabrication japonaise et les produits envoyés par les étrangers, j'ai visité le Musée commercial d'Osaka. Là, je vis avec étonnement, quatre immenses salles, remplies d'articles de tous genres venant de tous les pays, placés sous vitrines et soigneusement étiquetés avec indication de la provenance.

De la France, j'ai vu peut-être dix articles tandis que l'Angleterre et l'Allemagne remplissaient presque toutes les salles; la Chine et l'Amérique avaient quelques vitrines.

Ce musée est instructif non seulement pour l'acheteur, mais pour le fabricant qui se rend plus facilement compte des objets qu'il veut imiter.

J'avais également entendu parler du Musée de la Douane à Kobé, j'obtins l'autorisation de le visiter. Il est surtout fait pour l'instruction des douaniers, afin de mieux appliquer les droits et se rendre compte d'où proviennent les produits présentés à leur vérification.

Tout est également bien classé dans des vitrines, sauf les tissus dont les échantillons, larges de $0^m,20 \times 0^m,20$ collés sur carton, portent l'indication des matières premières, le nombre des fils ou le poids au mètre, etc., en un mot toutes les indications nécessaires à une bonne vérification.

De la France j'ai vu bien peu d'articles, des vins, des cognacs, des sirops, du vinaigre, des conserves, des verres, des faïences et porcelaines, des moulins à café, des satins, des crépons, des tissus d'ameublement genre Roubaix, des boîtes à musique, du papier réglé et du papier à filtrer et un peu de tissus.

Il serait trop long d'énumérer tous les articles de ce petit musée qui n'est d'ailleurs pas encore au complet, mais l'étude que j'en ai faite m'a permis, en me reportant aux statistiques et à mes études de l'Exposition et aux renseignements pris à plusieurs sources, de bien préciser les articles que nous pouvons exporter et ceux dont nous devons rester les fournisseurs.

Reportons-nous aux différents chapitres précédents traitant de la fabrication japonaise, de l'exposition des produits étrangers et du commerce d'importation, et nous verrons de suite quels sont les articles susceptibles d'être importés ou dont l'importation peut se continuer avec succès pour la France.

AGRICULTURE. — PRODUITS DE L'AGRICULTURE

Graines et légumes. — Toutes les graines de France peuvent être importées au Japon ainsi que tous les légumes; la maison Vilmorin-Andrieux a déjà de nombreux clients au Japon, naturellement il faut initier les Japonais à ces cultures.

Beurres. — Margarine. — Fromages. — Les *beurres* de France, dont la qualité est reconnue supérieure, donnent un chiffre d'importation au Japon réellement minime.

La *margarine* peut aussi bien être exportée de France que d'autres pays.

Pour les *fromages* de gruyère, de Roquefort, les camemberts, certaines maisons de Marseille arrivent à en fournir même au Tonkin; elles pourraient certainement réussir au Japon où il fait réellement froid durant cinq mois.

Pâtisseries. — Confiseries. — Conserves. — Les importations de *pâtisseries* et *confiseries* sont restreintes; quoique les Japonais confectionnent fort bien les gâteaux, nos biscuits seraient certainement appréciés.

Les *conserves de toutes sortes*, surtout aujourd'hui que l'emploi de cette nourriture se répand dans la marine et l'armée, peuvent prendre place parmi les conserves étrangères, mais il faut du bon marché pour arriver au même prix que les Japonais.

Les *légumes desséchés* pourraient avoir un certain succès.

Farines. — Amidons. — Les *farines* viennent pour la majeure partie d'Amérique; les farines françaises, en raison des frais de transport, peuvent être d'un prix élevé; c'est une question à étudier.

Les *amidons* de bonne qualité peuvent aussi bien venir de France que du Canada et des Etats-Unis.

Vins et Spiritueux. — Nos *vins* sont déjà bien vendus, mais la baisse est à craindre, comme je l'ai expliqué par suite de la concurrence des vins de Californie et d'Espagne. Je me permettrai de signaler ce que je crois une erreur de la part des exportateurs, c'est de remonter leurs vins comme à l'époque où il fallait quatre ou cinq mois pour faire le voyage de France en Extrême-Orient; j'ai eu occasion de goûter dans ces pays, chez des particuliers, des vins de propriétaires non remontés, qui, après avoir voyagé en bouteilles, avaient au bout de quatre ou cinq ans le même goût qu'en France, sans en avoir perdu leur couleur ou leur force; j'ai constaté la même chose au Tonkin où j'ai bu des vins ordinaires de 8 degrés genre des vins de la Loire, lesquels, introduits depuis dix-huit mois, n'avaient rien perdu de leur qualité, malgré la chaleur.

Les vins de France, quels qu'ils soient, vu la rapidité des voyages et vu les conditions des aménagements dans les cales des navires, peuvent voyager sans souffrir et se bien comporter après l'arrivée pendant quelques années. Des Bourguignons font en ce moment l'essai d'envoyer des vins non remontés, ils réussiront.

Cognacs et liqueurs. — Les vrais cognacs ne sont pas appréciés, parce que l'indigène a été trompé dès le début par la dégustation d'alcools importés sous ce nom par des pays étrangers.

Il faut du bon marché au Japon, on ne peut donc présenter les grands crus, mais nos négociants devraient s'efforcer de ne fournir que de l'alcool de vins.

Les Japonais aiment les douceurs ; certaines marques de liqueurs bien lancées pourraient réussir au Japon.

Huiles d'olive. — Les *huiles d'olive* sont recherchées, malheureusement les prix sont excessivement élevés, ce qui, d'ailleurs, empêche l'industrie sardinière de bien réussir au Japon. Il y a lieu pour les Français de surveiller l'Espagne qui en a exporté presque autant que la France en 1902. Le chiffre est minime, mais il suffit que l'Espagne arrive à mieux épurer ses huiles, pour arriver à les faire apprécier et pousser à l'exportation.

PRODUITS FORESTIERS

Je ne vois dans les produits forestiers que les *lièges* et les *bouchons* susceptibles d'être importés de France ou d'Algérie.

PRODUITS DE LA MER

Il n'y a guère que les *conserves de poissons* que nous pouvons importer : sardines à l'huile, harengs, homards, etc.

MINES ET MÉTALLURGIE

Les statistiques que j'ai données, page 119, sur l'importation des métaux peuvent fixer sur ce que la France pourrait importer, c'est-à-dire de tous les produits de la métallurgie.

L'état d'infériorité dans lequel se trouvent forcément les représentants français ne doit pas tenir seulement aux prix, mais aussi à l'indifférence de leurs mandants lorsqu'il y a lieu de soumissionner aux fournitures de l'Etat ou des Compagnies de chemins de fer.

Fers. — Fontes. — Aciers. — Admettons que les *fers en saumons* soient un peu l'apanage de l'Angleterre et les *fers en barres* de la Belgique, nous pourrions arriver à fournir les *rails et accessoires*, les *tôles*, les *tubes* et *tuyaux en fer*, mais nos fabricants français ne veulent pas se soumettre, le plus souvent, à certaines exigences telles par exemple, celles de couler les tuyaux l'évasement en haut, comme le font l'Angleterre et les Etats-Unis ; et cependant il y en a beaucoup à fournir.

Le *clou* pourrait très bien être fourni par la France ainsi que la *pointe de Paris* qui vient de partout ailleurs que de la France. On a essayé de fabriquer au Japon, mais sans résultat.

Les *clous de tapissier* viennent d'Angleterre et les *pitons* d'Allemagne.

Les *fils de fer* et *d'acier* sont tous importés, de même les *fils de fer galvanisés* pour le télégraphe. Il y a pour ces fils des adjudications importantes, mais nos fabricants ne veulent pas encore se soumettre à une condition : celle de la *réception au Japon;* ils préfèrent abandonner une affaire si la réception n'a pas lieu en France.

Nos industriels ont la réputation de fournir des produits de bonne qualité ; faute de se soumettre à certaines formalités qu'ils ne devraient pas craindre, ils perdent de bonnes commandes.

Ce que je viens de dire pour les fils de fer, je peux le dire pour beaucoup d'autres produits.

Les *aciers*, quelle que soit la qualité, viennent d'Europe ; la France pourrait prendre une plus grosse part dans la fourniture au commerce, puisque quelques grandes usines arrivent à fournir à la marine et à la guerre des fabricats d'acier, tels que *plaques de blindage*, *frettes*, *canons de fusils*, *canons d'artillerie*, etc., etc. Je dirai plus, nos grandes usines gagnent sur l'Allemagne et l'Angleterre depuis quelque temps.

J'ai déjà dit que l'on importait tous les *trains de roues* pour wagons, les *roues* et *essieux*, les *bandages*, les *ressorts* et les *boîtes*, autant d'articles que nous pourrions fournir.

Les fontes ordinaires sont japonaises, mais les fontes de première qualité venant d'Ecosse pourraient être aussi bien fournies par la France.

Tous les *articles fins en acier* ou *en fonte de première qualité* sont importés ; ils pourraient très bien être tirés de France si nous savions faire des offres, tels que *limes*, *mèches*, *tarières*, *scies* et *petits outils divers*.

L'importation des *tubes pour bicyclettes* commence et le montage est fait par des Japonais. La France qui, la première, a fabriqué ces tubes, devrait être déjà implantée au Japon.

Zinc et Nickel. — Tous les articles en zinc et nickel peuvent être importés.

Coutellerie. — La coutellerie fine vient d'Allemagne ; du moment où il n'y a que la bonne qualité importée, la France pourrait réussir de même pour les *couverts en fer*.

Quincaillerie. — Ferronnerie. — La quincaillerie et la ferronnerie de qualité viennent d'Amérique, nos fabricants pourraient peut-être faire des essais d'offres, surtout que les constructions à l'européenne deviendront de plus en plus nombreuses.

Articles émaillés. — Ces articles sont faits au Japon, mais de mauvaise qualité; on pourrait tenter d'introduire des articles meilleurs en concurrence avec l'Autriche.

Coffres-forts. — J'ai dit que l'on fabriquait des coffres-forts au Japon ; l'importation est quand même nécessaire surtout pour la bonne construction.

Articles de Paris. — Tous les articles dits « de Paris » en métal sortent d'Allemagne et d'Angleterre, et cependant les nouveautés, émanant toujours des mains de nos ouvriers, devraient réussir si elles étaient présentées à temps.

Bijouterie. — Quelque peu de bijouterie pourrait se vendre; surtout en modèles nouveaux : chaînes de montres, épingles à cheveux, épingles de cravates pour hommes et des broches. Le doublé et les pierres fausses à bon marché seraient, à mon avis, assez recherchés.

Pendules et montres. — Les pendules et montres seront toujours importées pour la bonne fabrication; la France pourrait faire plus qu'elle ne fait.

Armes de chasse.— Les armes de chasse, sauf les fusils *très bon marché*, sont importées. Certainement, quand on compare le prix des fusils français aux fusils anglais, à qualité égale nous pourrions espérer vendre beaucoup plus au Japon.

Aluminium. — Les Japonais demandent un peu partout des fournisseurs d'aluminium, même des pièces d'aluminium fondues.

Cuivre. — Les Japonais font les *fils de cuivre* de gros diamètre jusqu'à $0^{mm},40$, mais importent les fils au-dessous de ce diamètre; d'ailleurs, les usines japonaises arrivent à peine à suffire pour les fils de transports de force.

Constructions métalliques. — Toutes les constructions métalliques sont importées et le montage fait par les Japonais; nos constructeurs pourraient certainement rivaliser avec les Américains, surtout que les navires japonais font des transports dans de bonnes conditions au départ de France.

INDUSTRIE CHIMIQUE

Parfumerie. — La parfumerie française fait encore un beau chiffre d'affaires; il y a lieu de veiller aux imitations, surtout des savons fins.

Les savons pour dégraissage des étoffes sont très appréciés.

Celluloïd. — Nous pourrions certainement prendre une grosse part sur le chiffre relativement élevé qui s'importe encore.

Caoutchouc. — Je dirai la même chose du caoutchouc manufacturé de toute sorte, et des jouets en caoutchouc.

Cuirs. — Nous avons des cuirs supérieurs, surtout pour les semelles, qui dépassent en qualité ceux d'Amérique, et le Japon le sait, car le cordonnier de ce pays le dit très bien : je l'affirme par expérience ; la France pourrait vendre davantage.

Toiles cirées. — Les toiles cirées bon marché peuvent s'importer, surtout celles avec dessins, mais il faut des toiles cirées qui ne collent pas par le temps humide.

Papier. — Nous pourrions très bien concurrencer les étrangers dans le *papier glacé*, le *papier d'emballage*, le *papier pour impression* et le *papier à dessin*. Nous tenons la tête avec le *papier à cigarettes*. Il y a lieu de surveiller l'Autriche-Hongrie qui arrive déjà à la moitié de notre chiffre.

Cartons. — Nous marchons au quatrième rang pour les cartons avec 10000 francs d'importation sur 640000 francs, chiffre total. C'est insignifiant.

Produits pharmaceutiques et chimiques. — Nous pourrions certainement arriver à de meilleurs résulats que ceux que nous obtenons ; la France pourrait aussi bien fournir que l'Allemagne et l'Angleterre, l'*acide acétique*, l'*acide borique*, l'*acide tartrique*, l'*acide salicylique*, l'*acide tannique*, l'*alun*, l'*ammoniaque*, le *sel d'aniline*, l'*antifébrine*, l'*antipyrine*, le *sous-nitrate de bismuth*, le *borax*, la *créosote*, la *glycérine*, l'*ipéca*, la *magnésie*, la *morphine*, le *bichromate de potasse*, le *bromure de potassium*, le *chlorate de potasse*, la *quinine*, la *saccharine*, le *safran*, le *bicarbonate de soude*, le *salicylate de soude*, l'*acide caustique*, le *salpêtre*, etc., etc. ;

Les *colles fortes* et *gélatines* de première qualité, celles de moindre qualité étant fabriquées au Japon ou importées d'Allemagne ;

Toutes les *couleurs et peintures;* les différentes espèces de *vernis;* les *couleurs vitrifiables* et surtout l'*or brillant* pour lequel la maison Lacroix pourrait facilement l'emporter sur l'Allemagne; les *peintures sous-marines*, le *blanc de zinc;*

Les couleurs d'*aniline* et d'*alizarine* que nous fournissons déjà, mais en si petite quantité; le *bleu d'outremer*, l'*extrait de campêche* pour la fourniture duquel nous tenons encore la tête et pouvons la tenir encore longtemps, à la condition de surveiller de près les Allemands dont l'importation augmente.

Les Allemands ne sont arrivés à être les maitres pour la fourniture de la majorité de ces produits que par le bon marché; nos industriels ont peut-être tort de ne pas vouloir fabriquer des qualités inférieures et n'envisager comme les Allemands que la question commerciale.

Les *encres à imprimer* pour machines lithographiques et typographiques pourraient concurrencer l'Amérique et l'Allemagne du moment où quelques fournitures sont déjà faites, il y aurait donc lieu d'insister; je dirai de même pour les *articles de papeterie* et les *crayons* et *autres articles de bureaux*, fournis en majeure partie par l'Allemagne.

Verres à vitres. — Je ne saurais trop rappeler l'importation de la Belgique, pour encourager nos fabricants à essayer cette vente; la gobeletterie et les verres de lampes ne pourraient facilement entrer.

Verroterie, perles en verre. — Toute la verroterie, perles en verre, pourrait également s'importer aussi bien de France que d'Autriche.

Glaces. — Quelques glaces viennent de Belgique; l'argenture se fait au Japon, sauf pour les glaces très riches.

Engrais. — Nous avons vu plus haut que l'agriculture employait beaucoup d'engrais; pourquoi nos grands industriels n'essaieraient-ils pas d'entrer en relations avec les Japonais?

INDUSTRIE TEXTILE

Soie (articles en). — Peu d'articles en soie peuvent entrer, je signalerai ceux que l'Allemagne et l'Autriche importent : les *châles*, les *chenilles*, les *filés de soie* et les *satins tramés coton*, les *peluches* et *velvetines mélangées coton*.

Les *rubans* et les *galons* viennent de France pour un huitième environ, nous pourrions en fournir beaucoup plus.

Coton. — Les articles en coton susceptibles d'être importés et l'importation susceptible d'augmenter pour nous sont :

Les *toiles spéciales pour relieurs*, les *flanelles de coton* de bonne qualité, le bon marché se fait au Japon ; les *coutils*, les *cotons imprimés*, autrement *indiennes* et *cretonnes;* les *satins de coton* et les *satins dits italiens* pour parapluies, les *peluches* et *velours de coton*, les *toiles de coton grises* et *blanches* et l'*andrinople*. Les filés pourront difficilement faire concurrence à ceux d'Angleterre

Le chiffre des tissus de coton fournis par la France s'élève à peine à 200 000 francs sur 1 million environ fournis par l'Allemagne et 17 millions environ par l'Angleterre.

Laine. — Comme laine brute, nous ne pouvons rien faire à côté de l'Australie, mais les *peigneurs de laine* ne doivent pas hésiter à faire des offres aux deux fabriques de mousseline. Nous avons perdu pour la *mousseline de laine*, quoique nous soyons encore les premiers importateurs, mais suivis de près par les Allemands ; ces derniers fournissent déjà des laines brutes, ne nous laissons pas devancer pour les peignés.

Les autres articles de laine que nous avons laissé prendre par les autres sont :

Les *serges*, les *draps*, les *draps mélangés coton*, les *flanelles;* presque tous les Japonais portent de la flanelle et même les soldats ;

il en est donc importé une certaine quantité et par l'Allemagne devant qui l'Angleterre disparaît petit à petit ; il nous faudrait présenter des types bon marché. Quant aux draps, surtout les mélangés ou renaissance de Roubaix et Vienne pourraient venir en concurrence.

Les *fils de laine en pelote*, anglais, sont préférés, peut-être faute d'essai de notre part d'en introduire au Japon ; tandis que les *filés* pour bonneterie viennent d'Allemagne ; ces filés sont, m'a-t-on assuré, meilleur marché en France et pourraient facilement être vendus au Japon.

Vêtements et accessoires. — Les Français peuvent concourir pour :

Les *couvertures de voyage*, les *costumes de chasse*, les *vêtements imperméables ;*

La *bonneterie*, *gilets* et *caleçons de laine* en tous genres et de coton pour la bonne qualité ; les *bas* et les *chaussettes en laine* noirs ou de fantaisie ;

Les *bretelles* et *tissus élastiques* pour bretelles et pour chaussures ;

Les *chaussons de feutre* et les *guêtres ;*

Les *chapeaux* de *feutre* finis, les *cloches de chapeaux* et les garnitures, les *casquettes ;*

Les *cache-nez*, les *foulards* et *châles ;*

Les *gants de peau ;* les Japonais d'un certain rang portent pour la plupart des gants de peau ;

Les *cravates* riches, surtout en présentant de nouveaux modèles ; et les *soies pour cravates ;*

Les *boutons en nacre riches*, et les *boutons couverts d'étoffe ;*

Les *boucles*, *crochets*, *œillets ;*

Les *dessous de bras*, la *mercerie* et la *passementerie* pour robes ; les *voilettes*.

Les *fleurs ;* beaucoup de fleurs se font au Japon, mais celles à tige viennent d'Europe ; les *petites fleurettes* viennent principalement d'Autriche.

MACHINES DIVERSES. — ÉLECTRICITÉ

Machines diverses, accessoires. — Instruments de précision, d'**optique, de photographie,** etc. — La plupart des machines importées d'Allemagne, d'Angleterre et des Etats-Unis sont également fabriquées en France et pourraient supporter la concurrence, si nos industriels faisaient quelques efforts à profiter de ce débouché ; du moment où il y a déjà un chiffre d'affaires, tant petit soit-il, il y a possibilité de l'augmenter. L'Etat japonais nous achète, le commerce pourrait en faire autant.

Tels : les *appareils d'éclairage électrique ;*

Les *moteurs électriques ;*

Les *machines à vapeur*, pour la grande industrie ;

Les *appareils de levage ;*

Les *pompes à vapeur ;*

Les *locomotives*. Les locomotives d'un des plus grands fournisseurs ne sont plus, dit-on, autant appréciées; nos constructeurs pourraient essayer de concourir;

Les *machines-outils diverses*, *machines à percer*, *à fraiser*, *à raboter*, les *tours*, etc., etc. ;

Les *machines à faire le papier*, *machines à couper*, *rogner*, etc. ;

Les *machines à imprimer*, *lithographiques* et *typographiques ;*

Les *machines à filer* et les *machines à tisser*. Ces machines se fabriquent davantage en Allemagne et en Angleterre qu'en France, malgré cela nous pourrions arriver à un résultat.

Pour les *téléphones*, nous marchons déjà au second rang pour cette fourniture.

Pour les *appareils de photographie*, nous sommes au quatrième rang, les *plaques photographiques* de France sont très appréciées et nous ne sommes que les troisièmes pour l'importation ; pour les *papiers photographiques*, nous sommes au quatrième rang.

Tous nos *appareils de précision* et d'*optique* sont très appréciés : *microscopes*, *binocles*, *baromètres*, *thermomètres*, *instruments de chimie, instruments de chirurgie, instruments d'optique* et *instruments divers de sciences.*

Pour les *machines à bière* et les *machines à coudre*, c'est un peu moins notre spécialité, cependant il y a lieu de tenter la fortune. L'Etat japonais nous achète nos *chaudières,* nous pourrions arriver au même résultat avec l'industrie.

Les *machines agricoles* commencent à s'importer ; il a été présenté à l'Exposition de Hanoï plusieurs décortiqueurs de riz, venant de France, peut-être seraient-ils appréciés au Japon.

Je ne saurais trop appeler l'attention des fabricants de *machines-outils* et de *machines à bois.* La maison Dandoy-Maillard, de Maubeuge, et autres trouveraient facilement un débouché au Japon, m'a-t-on assuré.

Les *courroies de transmission* et *accessoires de machines.* — Nous avons des fabriques de courroies de premier ordre, elles pourraient certainement se mettre en face de l'Allemagne, l'Angleterre et les Etats-Unis pour concourir ; les courroies faites au Japon sont de qualité inférieure.

Bicyclettes, tricycles, pièces détachées. — Tout vient d'Amérique ; nos fabricants produisent aussi bon marché que les Etats-Unis ; il suffirait d'entrer en relation avec quelques maisons européennes pour se rendre compte de la possibilité de vendre. L'importation est arrivée en 1902 à 1300000 francs, c'est déjà un chiffre. Il faut surtout des bicyclettes de route, bon marché, pour hommes ; les dames ne vont pas encore à bicyclette.

Les *automobiles* ne peuvent encore avoir de succès par suite du mauvais état des routes.

Compteurs à gaz ; compteurs à eau. — L'extension que prennent les canalisations du gaz et de l'eau donne l'espoir de nombreuses affaires à traiter avec les villes ; nos fabricants devraient se tenir prêts à faire des offres.

Moyens de transport. — Il est difficile de recommander, pour les transports de France au Japon, telle compagnie plutôt que telle autre. Si les colis sont légers et la marchandise d'une certaine valeur, les Messageries maritimes sont indiquées; de même si la livraison est pressée. Mais, si ce sont des marchandises lourdes et même légères supportant difficilement les grands frais, il vaut mieux expédier par les cargo-boats anglais, ceux des Messageries maritimes ne vont pas jusqu'au Japon. Les steamers japonais prennent également le fret dans de bonnes conditions.

VII. — Produits susceptibles d'être importés de nos colonies au Japon

De l'*Algérie*. — Les *vins*, les *laines*, les *dattes*, le *liège* et les *bouchons*.

De l'*Indo-Chine*. — Les *fruits frais*, le *café*, le *riz;* déjà notre colonie fait à certaines années un gros chiffre d'affaires avec le Japon, comme on l'a vu plus haut.

Le *sucre brut;* par suite de la création récente de raffineries, le Japon attire de plus en plus les sucres bruts de ces pays.

Les *haricots*.

L'*indigo*, le jour où on s'adonnera sérieusement à cette culture.

La *rhubarbe*, le *cachou*, l'*huile de casse* et de *cannelle* et autres *plantes médicinales*.

L'*huile de noix de coco*, le *camphre*.

Certaines *laques* et *gommes* que les Chinois achètent et réexportent au Japon.

Les *os*, les *cornes*, la *soie de porc*, le *crin*, les *peaux de bœufs*, *buffles*, *chèvres* et *moutons*, les *coquilles*, les *carapaces de tortues*, l'*écaille*, l'*ivoire* et les *dents d'éléphants*, etc., etc.

Le *caoutchouc brut*, le *rotin*, le *bois de santal*, et autres bois.

De tous ces articles une certaine quantité est déjà exportée au Japon, et l'année 1902 a donné 2500000 francs d'affaires en dehors du riz dont le chiffre a été de 13689437 francs.

VIII. — Renseignements généraux

Dans les chapitres précédents j'ai raconté le plus exactement que j'ai pu tout ce que j'ai vu, tout ce que j'ai appris concernant l'industrie du Japon et l'importance de son commerce ; si je me suis arrêté quelquefois à donner mon impression, soit sur l'Exposition, soit sur les objets exposés ou la fabrication en général, je l'ai fait avec intention, sans trop de commentaires, de façon à laisser à ceux qui prendront connaissance de ce rapport le soin de se faire eux-mêmes une opinion sur les affaires de ce pays, si différemment jugé par les voyageurs qui l'ont parcouru.

Mais il est de mon devoir de donner à mes compatriotes certains renseignements généraux qui éclaireront leur religion sur l'ensemble des affaires au Japon.

Qu'il me soit donc permis de causer librement ; je le ferai en toute sincérité, et ce que je dirai à l'avantage des Japonais comme à leur désavantage, je le dirai absolument sans parti pris.

Tout le monde sait que les Japonais ont refusé pendant des siècles et des siècles tous rapports avec l'étranger ; en disant rapports, je dis donc commerce. L'industrie était méconnue, il n'y avait que des artisans et des commerçants achetant les produits de ces derniers ; par ce fait la plus grosse part du bénéfice restait entre les mains des commerçants, lesquels, à la mode orientale, ne se contentaient pas d'une juste rémunération, mais vendaient le plus cher qu'il leur était possible. Abusant de la faiblesse de son vendeur et exploitant son acheteur qui le plus souvent appartenait à la classe riche aristocratique ou à la classe des militaires, le commerçant était aussi bien honni et détesté du peuple que des classes nobles et des militaires qui formaient une caste à part.

La révolution de 1868, en changeant toute la politique intérieure

12

du pays, abolit les privilèges de certaines classes, et donna au peuple en général une liberté relative, qui lui permit d'aspirer à toutes les situations ; le commerçant, avec ses instincts d'accapareur, autorisé à entrer en relations d'affaires avec l'étranger, se mit vivement au courant des habitudes commerciales de l'Occident et, au bout de quelques années, il était déjà de force à traiter de grandes affaires et même à devenir industriel.

Les relations suivies que les commerçants japonais eurent avec les Occidentaux, les études particulières qu'ils purent faire de nos mœurs, ont-elles pu changer leur caractère? Non. Le petit commerçant est resté (je me plais à constater qu'il y a des exceptions) ce qu'il était il y a quarante ans, l'homme astucieux qui refusera au besoin de reconnaître comme bonne la marchandise qu'il a achetée, pour obtenir une réduction et abusera ensuite de son acheteur.

Les gros négociants japonais, lesquels pour la plupart ont fait leurs études en Angleterre, en France ou en Allemagne, et ont été à même de voir avec quelle honnêteté les grandes maisons européennes traitent les affaires, cherchent bien à suivre leur exemple, mais de temps en temps, l'atavisme revenant, et les principaux employés aidant, ils se mettent bien en défaut.

D'un autre côté, les derniers traités établissant « l'égalité de traitement des Japonais et des étrangers au point de vue civil aussi bien qu'au point de vue commercial », cette égalité étant d'ailleurs subordonnée aux dispositions des lois japonaises, ont mis tous les étrangers en état d'infériorité.

En effet, arrive-t-il un différend entre un commerçant étranger et un Japonais, l'affaire est portée devant un tribunal civil japonais jugeant commercialement ; l'Européen a-t-il chance de gain? Rarement ; l'incompétence des juges ou toute autre raison fera le plus souvent pencher la balance du côté de l'indigène.

Différents marchés américains avaient eu un moment à se plaindre de la qualité des marchandises livrées par les Japonais, par ce fait les affaires avec les Etats-Unis diminuaient sensiblement, il fut alors demandé aux Chambres, et voté, une loi autorisant les industriels et commerçants de même catégorie dans une même ville, sur la demande des quatre cinquièmes, à se constituer en « corporation » dans le but de surveiller la fabrication japonaise, d'encourager les industriels à perfectionner leurs procédés de fabrication et surtout de mettre fin à des falsifications pratiquées par les négociants japonais.

Ce syndicat pouvait avoir les meilleures intentions ; malheureusement l'inquisition à laquelle se livraient les experts nommés par la corporation pour visiter les produits fabriqués et en interdire la vente au besoin, et à la rigueur suspendre le fonctionnement des usines inspectées, donna quelquefois un tout autre résultat que celui prévu par ladite loi. En effet, quand la visite était faite chez des commerçants et des industriels étrangers, il est de notoriété publique qu'elle a donné lieu le plus souvent à une série infinie de tracasseries qui ne tendaient qu'à une chose, à la suppression du commerce ou de l'industrie des mains des étrangers.

Dans tout ceci il est facile de voir vers quel but tendaient certains industriels japonais en se faisant bons apôtres pour le bien du commerce et de l'industrie en général.

Je dois dire cependant, à la louange de beaucoup de notables négociants japonais, qu'ils réclament aux autorités des tribunaux de commerce ou tout au moins des tribunaux mixtes, dont le président pourrait appartenir au civil et les assesseurs conseillers au commerce.

Les esprits clairvoyants ne voient pas là une solution, car cette combinaison servira plutôt les Japonais pour les différends entre eux ; dans ce pays, malgré la bonne volonté des pouvoirs publics, il sera difficile, et longtemps encore, de préconiser une solution quand un étranger se trouvera en face d'un indigène.

J'ai indiqué plus haut le nombre des écoles de commerce ; d'après les dires des comités de patronage, on s'efforce d'inculquer aux élèves les notions commerciales et la morale que comportent les programmes européens. Je le crois, mais ces hommes, remplis de bonne volonté, ne comptent pas assez sur le caractère des élèves dont la première instruction a été dirigée par d'autres hommes qui leur ont appris en même temps que le dédain, pour ne pas dire la haine de l'étranger, l'amour de soi-même, et l'assurance que la race japonaise est supérieure à toutes les autres.

L'élève, devenu homme, comprendra peut-être, surtout s'il voyage, qu'il a été trompé dans ces appréciations, alors cette honnêteté commerciale qu'il voudra pratiquer, en contradiction complète avec sa première éducation, succombera souvent, c'est à craindre, devant l'atavisme et le... comment dirai-je... le matérialisme qui est le sentiment dominant chez la plupart des commerçants japonais ; l'argent avant tout !

A toute règle il y a des exceptions, j'ai connu personnellement des Japonais très dignes, élevés en France et autres contrées de l'Europe et même au Japon, lesquels reconnaissent le bien fondé des réclamations des étrangers, malheureusement ils ne sont pas assez nombreux pour refaire l'éducation morale et commerciale de leurs compatriotes. Le commerçant japonais conservera encore longtemps les mauvaises traditions de ses pères.

Le Japonais, tel que je l'ai vu, m'a produit l'effet d'une boutique dont le devant est installé à l'européenne, avec de magnifiques étalages et un éclairage *a giorno*, mais dont l'arrière se compose d'un lit de camp, d'une natte, d'un coussin et d'un brasero ; en effet, le Japonais qui s'est si vivement mis au courant des choses d'Occident, s'est habillé comme nous, a appris nos langues, nos sciences, s'est initié à tout ce qui touche la civilisation européenne, s'est éclairé de ses lumières, n'a jusqu'ici presque rien laissé pénétrer de tout cela dans son for intérieur et son âme a peu pris du reflet de ces lumières.

La cloison qui empêche notre civilisation de pénétrer dans ce for intérieur est aussi épaisse que celle qui sépare ce magasin de l'arrière-boutique où, débarrassé de ses vêtements européens, le Japonais se confine encore dans le souvenir du passé.

Esprit superficiel, mais très fin, le Japonais a trouvé dans notre civilisation, dans nos inventions, dans toutes nos nouveautés occidentales, un réel aliment à son activité qui est d'autant plus grande qu'il a un besoin pressant d'arriver à la fortune, et pour cela il ne recule devant aucun acte même blâmable, comme, par exemple, copier un objet breveté ou dont la marque est déposée.

La législation japonaise ne paraît pas d'ailleurs faite pour arrêter la contrefaçon ; pour les marques de fabrique, il arrive souvent qu'un Japonais, voyant surgir d'Europe une marque nouvelle d'un article apprécié, dépose cette même marque ; pendant trois ans, délai légal pour la réclamation, il attend patiemment. Au bout de trois ans, s'il n'y a pas eu de réclamation, il cherche à revendre cette marque ou bien il attaque la maison européenne en dommages-intérêts, et, quoique celle-ci démontrera que sa marque est bien antérieure à celle japonaise, elle pourra être condamnée. Il faut, pour poursuivre, prouver que le contrefacteur avait connaissance de la marque.

Pour les brevets, c'est moins compliqué, on achète l'objet ou une machine et l'on copie sans plus de précaution.

En général, tout ce qui vient d'Europe est copié servilement, et, si le fabricant voit qu'il a chance de réussir, il continue la fabrication, sinon il passe à un autre genre d'exercice ; c'est pour cela que l'Exposition d'Osaka contenait tant d'articles que l'on aurait pu croire de fabrication courante et qui n'étaient faits qu'à titre d'essai.

J'ai dit plus haut, en parlant des porcelaines, que les Japonais abandonnaient même dans leurs vieilles industries leur genre spécial pour imiter nos articles, qu'ils soient artistiques ou non ; en agissant ainsi ils travaillent avec l'espoir de vendre davantage aux pays étrangers dont les Européens sont les fournisseurs. Ce que j'ai dit des porcelaines, on peut le dire des impressions sur tissus et de beaucoup d'autres articles. Ils ont la manie de l'imitation.

Les nombreuses usines, principalement les filatures et les tissages qui se sont montés dans ces dix dernières années au Japon, sont des imitations parfaites des usines similaires d'Europe, sans la moindre modification. Les conditions sociales et les conditions spéciales de la main-d'œuvre auraient pu amener les directeurs à apporter certains changements ou perfectionnements, rien n'a été fait dans ce sens. Dans les quelques usines que j'ai visitées, filatures de coton, tissage de coton et laine, où tout était installé et réglementé comme en Europe, j'ai pu me croire en promenade dans une de nos usines de Rouen ou de Lille. A ce propos, je demande la permission de signaler que, dans certaines usines, on ne souhaite pas toujours la bienvenue aux étrangers avec toutes les convenances voulues, comme nous le faisons chez nous, même aux Japonais. Cependant je dois reconnaître qu'à une fabrique de mousseline de laine où je me suis présenté avec une recommandation d'un administrateur, j'ai rencontré le meilleur accueil; dans d'autres usines c'était plutôt froid, et dans une en particulier, j'ai dû, vu mes recommandations, imposer au sous-directeur, en l'absence du directeur, qu'il m'accompagnât lui-même au lieu et place d'un enfant de dix ans qui était chargé de me conduire.

J'ai démontré en quelques pages le caractère du Japonais commerçant et les difficultés morales et matérielles que l'on rencontre pour traiter des affaires avec lui ; nous allons étudier maintenant le moyen de les traiter.

La tendance s'accuse de plus en plus d'exclure les intermédiaires dans le commerce d'exportation ; dans certains pays même les commissionnaires ont vécu. Si dans bien des circonstances la question peut être controversée, pour le Japon elle est toute tranchée; il est presque impossible de faire des affaires dans ce pays sans un intermédiaire, qu'il soit commissionnaire ou simplement représentant.

Dans les principales villes du Japon, surtout à Kobé et Yokohama, les maisons de commission européennes, qui sont nombreuses, s'imposent pour la réception des marchandises destinées à nos contrées ; même en face du vérificateur, le Japonais vendeur cherche à frauder, surtout dans les soies.

Pour les marchandises importées au Japon, le commissionnaire européen achète le plus souvent pour son compte et revend aux Japonais, il est guidé dans cette opération par l'espoir d'un plus gros bénéfice; dans ces conditions il va lui-même au plus bas prix; s'il trouve une maison suisse, par exemple, qui vende un article meilleur marché qu'une maison française, il est tout naturel qu'il traite avec elle, si toutefois il n'a pas d'engagement de vente exclusive du produit français.

Où le commissionnaire reste simple représentant ou vendeur à la commission, c'est dans les fournitures à faire à l'Etat, dans la vente des gros articles, des machines par exemple.

Je suis donc partisan d'un intermédiaire au Japon, autant que possible français, à la condition expresse qu'il ne puisse faire des affaires pour les articles similaires étrangers; cependant n'y aurait-il pas lieu de reprocher aux maisons françaises de ne pas essayer suffisamment de vendre des articles français nouveaux ou d'une marque encore inconnue au pays! Comment les Allemands sont-ils arrivés à nous enlever la presque totalité de la fourniture de certains produits? tout simplement par la ténacité à présenter leurs articles quoique le plus souvent de qualité inférieure; une première commande vient, puis une seconde, une troisième, et le pli est pris.

Je sais que le bon marché prime tout et que nos industriels ne veulent s'en tenir qu'à la bonne qualité, mais la qualité est estimée au Japon comme ailleurs; je sais aussi que les Allemands ont employé un moyen dont ils ont été quelquefois les victimes, c'est la suppression des arrhes à la commande. Ce moyen a pu leur être coûteux au début, aux premières ventes faites à certaines maisons, mais, vu la connaissance qu'ils ont acquise du pays et des acheteurs mêmes, il est probable qu'ils ne doivent que rarement avoir à supporter les conséquences de cette audace à supprimer les arrhes.

Un représentant voyageant au Japon peut-il traiter couramment des affaires avec des maisons japonaises? Non, ce serait dangereux.

Pour les maisons dont les affaires sont minimes ou nulles au Japon, voici ce que je préconiserais :

Les industriels dont les produits appartiennent à un même groupe, comme par exemple, la mercerie, les boutons, les tissus, la passementerie, etc., pourraient se syndiquer pour envoyer au Japon un voyageur parlant bien l'anglais (le français n'est pas connu dans le commerce), le voyageur devrait préalablement s'entendre avec une maison française du pays, laquelle pourrait mettre un comprador à sa disposition pour le guider ; pendant six mois il n'aura qu'un but, faire visite aux négociants en gros susceptibles d'acheter, étudier la place, les besoins du pays, en un mot il fera son éducation et à ses moments perdus il pourra faire la partie de plaisir avec ceux qu'il aura rencontrés dans la journée (c'est un peu nécessaire dans ce pays). Six mois après il reviendra, il sera connu, il pourra faire des affaires. Il est de toute nécessité que le voyageur soit large avec le Japonais ; le syndicat devra donc de son côté être large avec lui.

La maison avec laquelle il se sera entendu préalablement ne sera plus un commissionnaire proprement dit, mais un intermédiaire honnête qui sera chargé de recevoir les marchandises de France, de les vérifier et de les réexpédier aux négociants en gros japonais, ou de les vérifier à l'arrivée de concert avec ces derniers et d'en toucher le montant aux époques fixées, sous la responsabilité du vendeur.

Cet intermédiaire touchera un pourcentage beaucoup moins élevé que pourra l'être celui d'un représentant, puisque les affaires auront été traitées par le voyageur du syndicat.

Comme ce dernier ne sera appelé à faire sa tournée au Japon qu'une fois par an, l'intermédiaire pourrait avoir un stock de marchandises qu'il livrerait immédiatement s'il lui en était demandé, et naturellement toute la série d'échantillons pour prendre des commandes.

Cet intermédiaire, connaissant très bien le Japon et les acheteurs, pourra encore être ducroire vis-à-vis des vendeurs des syndicats; ce serait pour lui l'occasion d'un bénéfice supplémentaire.

La situation d'un commissionnaire faisant venir de France des marchandises qu'il revend à ses risques et périls ou qu'il ne revend qu'après les avoir eu plusieurs années en magasin, n'est pas la même que celle de l'intermédiaire dont je signale le rôle ; le commissionnaire est forcé de gagner un pourcentage sensiblement supérieur à celui de mon intermédiaire; cette différence dans la commission suffira largement dans l'avenir à couvrir les frais du voyageur, lequel, s'il est habile, aura fait gagner des affaires nouvelles à ses mandataires et à l'intermédiaire.

Je ne doute pas que des commissionnaires ou des représentants français du Japon, voyant des syndicats sérieux décidés à envoyer des voyageurs non moins sérieux dans ce pays, n'acceptent le rôle d'intermédiaires comme je l'ai défini, puisqu'ils auront la chance d'affaires nouvelles sans responsabilité ou avec une responsabilité limitée.

Je n'ai pas l'intention de donner des leçons à nos exportateurs, mais je me permettrai d'insister sur ce point, que, avant d'engager des affaires au Japon, ils doivent :

1° Etudier avec soin la géographie, les mœurs et les usages des Japonais, leurs goûts, leurs préférences, leurs préjugés et leur condition commerciale (assez d'ouvrages peuvent les renseigner à ce sujet) ;

2° Après s'être ainsi instruits théoriquement, s'informer de la valeur de la maison de commission ou de représentation qui leur est recommandée, lui demander les renseignements sur le pays pour pouvoir contrôler l'exactitude de ce qu'ils auront appris par les livres ;

3° Etudier pendant un certain temps le marché en suivant les statistiques ou les journaux spéciaux, bien se rendre compte des marchandises qui peuvent le plus lui être appropriées, ainsi que le caractère et la valeur de la concurrence qu'on y rencontre ;

4° Se faire renseigner sur les droits de douane, les formalités à remplir et la qualification à donner aux marchandises pour les déclarations, s'enquérir des lois sur les marques de fabrique afin de se mettre à l'abri des contrefaçons ;

5° Réagir contre cette timidité pour ne pas dire l'indifférence qui arrête si souvent les Français au moment d'entamer des relations à l'extérieur.

Ainsi armés, nos industriels pourront déjà documenter leur voyageur, lequel complétera son instruction sur place, comme je l'ai indiqué plus haut.

J'ai eu l'occasion de rencontrer au Japon voyageant pour leurs affaires, de nombreux Anglais, Américains, Belges, etc. ; des Français? j'en ai rencontré deux.

Il est de toute évidence que si un industriel, dont les produits seraient susceptibles d'entrer au Japon, allait passer ses vacances dans ce pays, tout en visitant de jolis paysages, il pourrait prendre lui-même des renseignements qui lui seraient beaucoup plus précieux que ceux recueillis dans les livres. Trois mois, du jour du départ au retour, suffiraient aujourd'hui par le transsibérien pour faire un pareil voyage.

Ceux que le Japon intéresse ne doivent pas cesser un instant de suivre sa politique et son évolution sociale ; en effet, l'heureuse issue, pour lui, de la guerre chinoise n'a-t-elle pas donné à son industrie et à son commerce, à sa marine de commerce comme à son armée et à sa marine de guerre un développement inattendu qui a placé ce pays, en quelques années, presque au rang des grandes puissances. Son évolution sociale sera plus lente, car les mœurs sont tout à fait différentes des nôtres; mais les Japonais, ambitieux, jaloux des Européens qu'ils voudraient dépasser, prendront petit à petit leurs habitudes; déjà tous les employés des hautes administrations, imitant en cela la cour et l'aristocratie, s'habillent à l'européenne, eux-mêmes imités par les employés des petites administrations ; après cela viendront les changements dans l'habitation, dans la table.

Le confortable augmentant, de nouvelles industries se créeront ou de nouvelles importations s'imposeront. Les femmes viennent d'adopter à la Cour le costume européen ; il est à prévoir qu'avant dix ans la plupart, appartenant à un certain monde, suivront cette mode.

Si nous n'y prenons garde, les modes allemandes et américaines arriveront avant les nôtres ; déjà même j'ai remarqué des petits enfants affublés de petits vêtements, de bérets, de casquettes et de capelines blanches à l'américaine.

Je ne saurais trop insister sur la nécessité qu'ont les Français de faire de la propagande au Japon, non seulement pour les affaires mais pour le développement de la langue française. La langue anglaise est parlée couramment dans toutes les administrations et dans le commerce ; beaucoup de journaux sont imprimés en anglais, la réclame rend donc aux Anglais les affaires plus faciles.

La langue allemande est surtout connue des Japonais de professions libérales ; les Allemands, comprenant leur infériorité vis-à-vis des Anglais dont ils sont obligés d'emprunter la langue pour traiter leurs affaires, n'ont pas hésité à fonder à Berlin un journal : l'*Ost-Asien*, qui publie de nombreux articles sur l'Allemagne et le Japon, traitant du commerce, de l'industrie, de la politique, et contient de nombreuses réclames dont la plupart sont en japonais. Ce journal est expédié une fois par mois à tous les industriels dont la direction peut avoir l'adresse.

La langue française est connue de beaucoup d'officiers et de magistrats, mais peu parlée ; et cependant il existe à Kobé une Société franco-japonaise qui ne demanderait pas mieux que d'étendre ses ramifications un peu dans toutes les autres villes ; elle a bien eu l'idée de créer une pareille publication, mais comme ce journal aurait surtout à traiter de questions françaises, scientifiques, industrielles ou autres, son siège devrait être à Paris.

L'Alliance française, je n'en doute pas, donnerait volontiers son concours ; mais ce n'est pas suffisant. Ce journal pourrait un jour couvrir ses frais par les réclames, mais il faut le créer ; à qui demander les ressources nécessaires ? Avec le patronage officiel, j'ai la conviction que les chambres de commerce n'hésiteraient pas à s'intéresser à cette œuvre de propagande.

Qu'il me soit permis, avant de terminer, de me reporter au chapitre III et de rappeler les industries que les Japonais ont créées récemment et avec lesquelles ils sont arrivés à fermer aux Européens non seulement leur propre marché, mais le marché de Hong-Kong, de Shanghaï et de la Chine.

Après avoir étudié les statistiques et m'être rendu compte de la valeur industrielle en Extrême-Orient, je n'hésite pas à dire, au risque d'être taxé d'optimisme, que l'introduction dans l'Indo-Chine, d'industries concurrentes à celles du Japon est possible.

Je citerai en première ligne : les brosses à dents, les brosses diverses. Il est regrettable que les capitaux français qui sont allés au Japon pour installer cette industrie, ne se soient pas arrêtés en Indo-Chine; là ils auraient franchement fait concurrence au Japon, tandis que, si l'entreprise réussit bien, il y a danger pour notre compatriote que ses co-intéressés, après mille tracasseries, ne mettent en pratique leur précepte connu : « Le Japon aux Japonais. »

Les boutons ;

Les cigarettes ;

Les lampes, les allumettes ;

Les parapluies ;

Le ciment dont on vient de commencer l'exportation ;

Les tapis de coton dont le bon marché ne provient que du bas prix de la main-d'œuvre,

Et les industries suivantes qui sont inhérentes au pays même :

La fabrication de la natte ;

La récolte du varech ;

La salaison de la crevette ;

Les huiles de poisson ;

Les engrais, dont le Japon fait encore une grande importation ;

Les pailles pour chapeaux et les fibres de bambou pour chapeaux; et les chapeaux en bambou ;

Les meubles et les objets divers en bambou.

Je donne, à titre d'indication, les pays où les produits ci-dessus sont principalement exportés avec le chiffre d'exportation en 1902.

Tableau indiquant les industries du Japon susceptibles d'être installées en Indo-Chine, avec indications du montant de l'exportation et des pays où elle se fait.

INDUSTRIES	EXPORTATION	
		Frs
Brosses à dents :	Etats-Unis	1 001 134
	Grande-Bretagne	75 833
	Chine	48 859
	Canada	42 216
	Straits Settlement anglais	20 873
	Australie	18 332
	Indes anglaises	13 394
	Hong-Kong	6 521
	Autres pays	13 435
	Total	1 240 597
Autres brosses :	Etats-Unis	275 675
	Chine	34 297
	Australie	17 613
	Canada	11 641
	Russie d'Asie	6 545
	Iles Philippines	6 072
	Hong-Kong	5 507
	Autres pays	30 501
	Total	387 851
Boutons en cuivre :	Chine	329 803
	Hong-Kong	26 402
	Autres pays	395
	Total	356 600
Autres boutons :	Chine	291 369
	Hong-Kong	102 322
	Allemagne	82 258
	Angleterre	32 875
	France	27 284
	Straits Settlement anglais	19 735
	Corée	16 867
	Iles Philippines	10 364
	Indes anglaises	1 729
	Russie d'Asie	162
	Autres pays	25 282
	Total	610 247

La France achète déjà des boutons au Japon!

INDUSTRIES	EXPORTATION	
		Frs
Cigarettes :	Chine	3 902 740
	Corée	669 894
	Straits Settlement anglais	441 460
	Hong-Kong	382 626
	Indes anglaises	278 610
	Australie	7 150
	Siam	4 576
	Autres pays	3 288
	Total	5 690 344
Lampes :	Chine	743 234
	Hong-Kong	358 965
	Etats-Unis	29 065
	Indes anglaises	24 972
	Corée	23 843
	Iles Philippines	20 014
	Straits Settlement anglais	19 981
	Russie d'Asie	15 700
	Turquie	12 500
	Egypte	5 644
	Grande-Bretagne	3 418
	Autres pays	13 982
	Total	1 271 318
Allumettes :	Chine	8 284 520
	Hong-Kong	8 069 219
	Straits Settlement anglais	2 220 466
	Indes anglaises	1 894 119
	Corée	707 284
	Indes néerlandaises	25 670
	Russie d'Asie	14 712
	Australie	7 628
	Iles Philippines	7 276
	Etats-Unis	1 421
	Autres pays	9 596
	Total	21 241 911

INDUSTRIES	EXPORTATION	
		Frs
Parapluies :	Chine	1 685 510
	Hong-Kong	436 697
	Straits Settlement anglais	298 407
	Corée	151 541
	Indes anglaises	46 203
	Indes néerlandaises	34 919
	Iles Philippines	15 645
	Hawaï	14 907
	Etats-Unis	5 697
	Russie d'Asie	421
	Autres pays	8 663
	Total	2 698 610
Ciments :	Chine	271 950
	Corée	249 985
	Hong-Kong	188 566
	Russie d'Asie	61 857
	Iles Philippines	17 807
	Etats-Unis	10 790
	Autres pays	753
	Total	801 708
Tapis :	Grande-Bretagne	796 597
	Etats-Unis	575 627
	Hong-Kong	130 902
	Canada	51 855
	Chine	46 303
	Australie	34 127
	Hollande	10 508
	Indes anglaises	9 185
	Allemagne	6 887
	Egypte	6 671
	Belgique	5 645
	Straits Settlement anglais	5 288
	Corée	3 428
	France	1 869
	Iles Philippines	869
	Russie d'Asie	49
	Autres pays	12 848
	Total	1 698 658

INDUSTRIES	EXPORTATION	
		Frs
Nattes :	Etats-Unis	16 592 507
	Canada	390 949
	Australie	175 566
	Grande-Bretagne	109 787
	Hong-Kong	53 155
	Hawaï	28 142
	Chine	24 150
	Allemagne	17 337
	Straits Settlement anglais	15 605
	Indes anglaises	15 065
	Hollande	7 346
	Iles Philippines	2 080
	Italie	1 560
	France	1 438
	Autres pays	34 906
	Total	17 469 593
Varech :	Chine	1 497 344
	Hong-Kong	46 264
	Corée	31 975
	Hawaï	4 895
	Autres pays	3 294
	Total	1 583 772
Varech coupé :	Chine	489 052
	Hong-Kong	15 285
	Hawaï	6 158
	Autres pays	10 398
	Total	520 893
Crevettes :	Hong-Kong	506 078
	Chine	335 670
	Hawaï	1 517
	Autres pays	4 569
	Total	847 834

INDUSTRIES	EXPORTATION	
		Frs
Huiles de poisson :	Hong-Kong	1 531 271
	Allemagne	795 892
	Belgique	753 853
	Australie	280 842
	France	273 511
	Grande-Bretagne	154 687
	Autriche-Hongrie	76 673
	Indes anglaises	35 004
	Corée	790
	Autres pays	4 245
	Total	3 906 708
Tresses de paille pour chapeaux :	Angleterre	2 578 791
	Etats-Unis	2 101 877
	Hong-Kong	1 364 994
	France	843 679
	Australie	278 767
	Allemagne	220 823
	Italie	82 607
	Belgique	71 089
	Canada	20 298
	Chine	19 146
	Autriche-Hongrie	14 343
	Straits Settlement anglais	10 344
	Hollande	9 643
	Hawaï	8 457
	Iles Philippines	7 485
	Indes anglaises	5 265
	Autres pays	3 518
	Total	7 641 026

Le bambou, les stores en bambou et les articles divers ont été exportés en 1902 dans le monde entier pour le chiffre de 1 433749 francs.

Je ne parle pas de la soie, sachant que l'élevage des vers à soie et la fabrication des soies sont la grande préoccupation des autorités indo-chinoises.

L'installation d'une verrerie mécanique à Hanoï est, m'a-t-on dit, à l'étude pour la fabrication des bouteilles, de la gobeletterie et même des verres à vitres. Au Japon, les fours sont à feu discontinu ; une verrerie mécanique, installée au Tonkin, avec les derniers perfectionnements, obtiendra des produits à un prix de revient tel qu'elle pourra, sans nul doute, rivaliser avec le Japon pour l'exportation des bouteilles et de la gobeletterie en Chine et en Corée, et avec la Belgique, l'Angleterre et l'Allemagne pour l'exportation des verres à vitres dans l'Extrême-Orient, au Japon même dont je signale plus haut l'importation.

La facilité qu'a le Japon de se procurer les minerais, les charbons et les matières premières en général, soit au pays même, soit aux Indes, soit en Amérique, jointe au bas prix de la main-d'œuvre, lui a permis de lutter contre les usines européennes munies des derniers perfectionnements ; l'Indo-Chine n'est peut-être pas aussi bien placée que le Japon pour les matières premières venant d'Amérique, mais pour toutes les autres elle est aussi avantagée, sans compter que la main-d'œuvre indo-chinoise est inférieure à la main-d'œuvre japonaise, et qu'elle peut se procurer à moindres frais les machines les plus perfectionnées. L'ouvrier japonais (homme), le moins payé, gagne en ce moment de $0^{fr},70$ à $0^{fr},90$, et la femme $0^{fr},45$ à $0^{fr},55$; en Indo-Chine le prix pour les hommes ne doit pas dépasser $0^{fr},60$.

Après cette étude, y a-t-il raison de douter que l'Indo-Chine ne puisse un jour lutter avantageusement contre le Japon, en créant ces industries ? Non, assurément ! Mais avant, on ne saurait trop répéter à la Métropole que l'Indo-Chine, en installant des usines qui seront, par le fait, des succursales de celles de France, ne sera pas concurrente des industriels français, mais de ceux du Japon, de la Chine ou autres pays. Le jour où la Métropole le comprendra en encourageant par ses capitaux, d'abord le développement de quelques-unes de ces industries existant déjà en Indo-Chine et ensuite la création des autres, la France reprendra son rang économique sur les marchés d'Extrême-Orient.

Table des matières

SAINT-CLOUD. — IMPRIMERIE BELIN FRÈRES

www.ingramcontent.com/pod-product-compliance
Ingram Content Group UK Ltd.
Pitfield, Milton Keynes, MK11 3LW, UK
UKHW021139260726
13994UKWH00001B/221